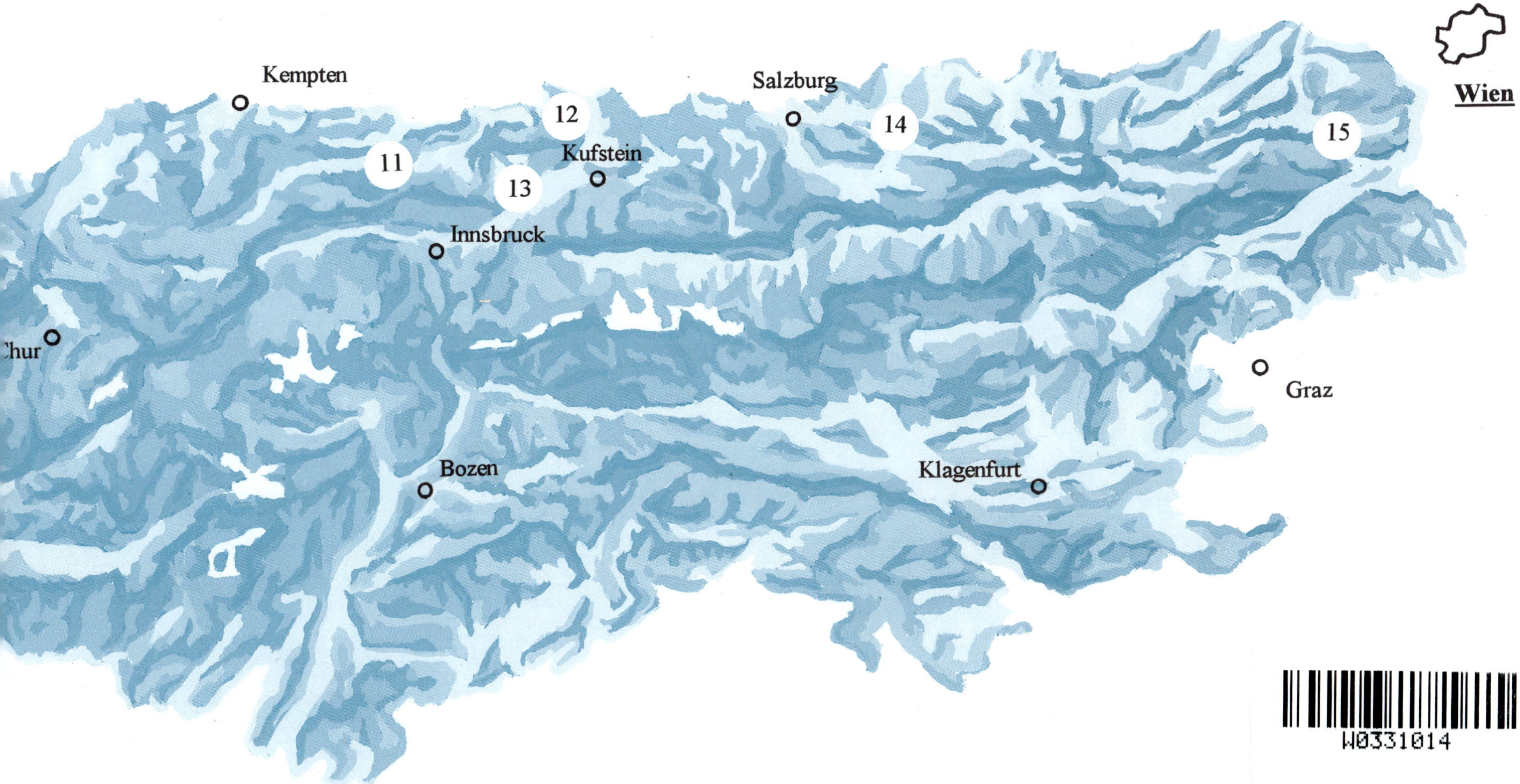

Zahnradbahnen der Alpen

Zahnradbahnen der Alpen

BRB
BRIENZ ROTHORN BAHN
BRIENZ ROTHORN BAHN

Klaus Fader

Zahnradbahnen der Alpen

19 Bergbahnen in
Deutschland, Frankreich, Österreich
und der Schweiz

tosa

Mit 152 Farbfotos von Klaus Fader und Hans Faust (9). Die Karte auf den Vorsätzen wurde von Hans Faust gezeichnet.

Bild Seite 1: Elektrische Zahnradlokomotive der Schynige-Platte-Bahn in der Bergstation. Seit über 85 Jahren verrichtet die Lokomotive He 2/2 Nr. 15 zuverlässig ihren Dienst. Die 1910 von SLM/Alioth gebaute Maschine stand zuerst bei der Wengernalpbahn unter der Betriebs-Nr. 55 im Einsatz, bevor sie 1963 von der Schynige-Platte-Bahn übernommen wurde.
Zum Bild auf Seite 2: Abenteuer Dampf mit der Brienz-Rothorn-Bahn. Hoch über dem Brienzersee schiebt Lok 6 zwei Wagen zur Bergstation Rothorn-Kulm.

Lektorat u. Herstellung: Siegfried Fischer, Stuttgart

Covergestaltung: Joseph Koó, Bilder von Klaus Fader

Printed in Slovenia

Besuchen Sie uns auf unserer Homepage unter www.tosa-verlag.com

Inhalt

Betriebszeiten der Bahnen

Tramway du Mont Blanc	Juni bis Ende September und Ende Dezember bis Mitte April
Chamonix – Montenvers	Mitte Dezember bis Mitte November
Chemins de fer des Rochers-de-Naye	Ganzes Jahr
Gornergratbahn	Ganzes Jahr
Dampfbahn Furka-Bergstrecke	Ende Juni bis Anfang Oktober
Ferrovia Monte Generoso	Ende März bis Ende Oktober
Schynige-Platte-Bahn	Ende Mai bis Oktober
Berner-Oberland-Bahnen	Ganzes Jahr
Wengernalpbahn	Ganzes Jahr
Jungfraubahn	Ganzes Jahr
Brienz-Rothorn-Bahn	Anfang Juni bis Ende Oktober
Pilatusbahn	Mitte Mai bis Mitte November
Rigi-Bahnen	Ganzes Jahr
Bayerische Zugspitzbahn	Ganzes Jahr
Wendelsteinbahn	Ganzes Jahr
Achenseebahn	Mai bis Oktober
Schafbergbahn	Anfang Mai bis Anfang Oktober
Schneebergbahn	Ende April bis Anfang November

Einleitung

Berge faszinieren. Wer an ihrem Fuße steht, möchte hinauf zum Gipfel, sehnt sich danach, die Aussicht zu genießen und die Welt von oben zu betrachten. Jedenfalls, wenn das Wetter so schön ist wie auf den meisterhaften Fotos von Klaus Fader. Vor der Erfindung der Bergbahnen war das gar nicht so einfach. Wer ins Gebirge wollte, mußte wohl oder übel die eigenen Füße aktivieren. Viele mögen sich dann gesagt haben, daß die Berge von unten ja auch ganz schön sind. Jenen, die es trotzdem wagten, die Alpen zu erklimmen, stand eine abenteuerliche und anstrengende Wanderung oder vielmehr Kletterei bevor. Was sich so harmlos Höhenmeter nennt, kann einen ganz gehörig ins Schwitzen bringen, zumal ja auch der Proviant und die notwendigen Übernachtungsutensilien mitgeschleppt werden mußten. Verständlich, daß sich die Zahl der Berggänger damals in Grenzen hielt.
Heute ist dies anders. Was sich da an leichtbekleideten, kurzbehosten und miniberockten, mit Turn- und Stöckelschuhen „ausgerüsteten“ Touristen auf den Zwei-, Drei-, ja sogar Viertausendern tummelt, kann unmöglich eine anstrengende Wanderung hinter sich haben. Die dichte Erschließung der Alpen mit Bergbahnen unterschiedlichster Konstruktion ermöglicht einer breiten Bevölkerungsschicht, viele der Berggipfel ohne körperliche Anstrengung zu erobern. Ins Schwitzen kommen allenfalls noch die Heizer bei den alten, kohlegefeuerten Dampflokomotiven. Und natürlich jene Zeitgenossen, die trotz der „mechanischen Aufstiegshilfen“ lieber zu Fuß die Gipfel besteigen. Auch sie profitieren aber indirekt von den Bahnen, welche die umliegenden, gut markierten Wanderwege unterhalten. Denn auch die Kombination von Wandern und Bergbahnfahren erfreut sich großer Beliebtheit.
Daß die Alpen heute so einfach besucht werden können, haben wir in erster Linie den Zahnradbahn-Pionieren Niklaus Riggenbach, Sylvester Marsh, Roman Abt, Emil Strub und Eduard Locher zu verdanken. Sie alle haben Hervorragendes geleistet. Berücksichtigt man noch die Bedingungen der damaligen Zeit, staunt man um so mehr ob des Mutes, des Könnens und der Dreistigkeit dieser Pioniere. Viele der damaligen Leistungen wären heute kaum mehr möglich. So dauerte der Bau der Brienz-Rothorn-Bahn lediglich ein Jahr. Heute müßte man froh sein, wenn man es schaffen würde, in dieser Zeit alle Antrags- und Bewilligungsformulare ausgefüllt zu haben!
Vor den Bergbahnpionieren stand allerdings noch der Engländer John Blenkinsop, dem die erste Zahnradbahn überhaupt zugeschrieben wird. Er erachtete die für die Zugkraft ausnutzbare Reibung zwischen Rad und Schiene (Adhäsion) als ungenügend und versah die bis zu 66 ‰ steile Strecke seiner Bergwerksbahn mit einer außenliegenden Zahnstange. Heute weiß man, daß die Adhäsion noch für Steigungen bis zu 70 ‰ ausreicht, für einzelfahrende Triebwagen oder in besonders günstigen Fällen bis zu 100 ‰. Im Grenzbereich von 80 ‰ bis etwa 150 ‰ werden in der Regel kombinierte Antriebe ausgeführt, die einen Teil der Zugkraft auf die Schienen, den anderen auf die Zahnstange übertragen. Bei noch größeren Steigungen wird auf den Adhäsionsantrieb verzichtet und die gesamte Zugkraft über die Zahnstange ausgeübt. Man spricht dann von reinen Zahnradbahnen. Die Zahnstange erlaubt wesentlich größere Zugkräfte, als dies bei Reibungsbetrieb möglich ist. Beispielsweise haben die neuen, nur 15 t schweren Zahnraddampflokomotiven eine Dauerzugkraft von 80 kN und eine Anfahrzugkraft von 150 kN. Mit einer gleich schweren Adhäsionslokomotive ließen sich günstigenfalls etwa 40 kN Zugkraft auf die Schienen bringen. Wie groß der Zugkraftbedarf auf den Zahnradbahnen ist, wird von den wenigsten Menschen realisiert. Zwar sind die meisten von der Steilheit der Zahnradbahnstrecken durchaus beeindruckt, halten die Triebfahrzeuge aber nicht für sonderlich stark. „Die schiebt ja bloß zwei Wagen“, kann man da etwa hören. Tatsächlich reichen die 80 kN Zugkraft auf 250 ‰ Steigung gerade, um die Lokomotive und zwei mit 120 Fahrgästen besetzte Vorstellwagen zu befördern. In der Ebene könnte dieselbe Lokomotive einen 2000 (zweitausend!) t schweren Zug befördern, was für die meisten eine anschaulichere Kraftdemonstration darstellen würde. Interessant und wiederum überraschend ist die Tatsache, daß beim oben beschriebenen Dampfzug fast die Hälfte der Zugkraft und der Leistung für die Eigentraktion der Lokomotive benötigt wird. Eine leer fahrende Lokomotive hat somit bereits Halblast. Wer nun glaubt, ein Triebwagen sei diesbezüglich besser, also leichter, der irrt. Erstaunlich, aber wahr. Die moderne Dampfzugkomposition schlägt in punkto Sitzplatzgewicht nicht nur die Mercedes der S-Klasse, sondern auch alle Elektro- und Dieselzahnradtriebwagen.
Zurück zur Geschichte: Sylvester Marsh gebührt die Ehre, die erste funktionierende Zahnradbahn in die Berge gebaut zu haben, auch wenn Niklaus Riggenbach dieselbe Idee einer Leiterzahnstange unabhängig und wahrscheinlich früher gehabt hatte. Jedenfalls zeugt ein Patent Riggenbachs aus dem Jahre 1863 davon. Im Laufe der Zeit wurden noch weitere Zahnstangen erfunden, die sich von den Leiterzahnstangen zum Teil erheblich unterscheiden. Beim Bahnhof Capolago der Monte Generoso-Bahn sind die vier hauptsächlich verwendeten Zahnstangensysteme Riggenbach, Abt, Strub und Locher übersichtlich ausgestellt. Die Bauartunterschiede sind augenfällig. Die Leiterzahnstange von Riggenbach besteht aus zwei Winkeleisen mit querliegenden, genieteten Zähnen mit Evolventenprofil. Roman Abt erfand die Lamellenzahnstange, deren Zähne aus einem flachen, rechteckigen Profileisen gefräst wurden. Die ursprüngliche dreilamellige Ausführung wurde bald zugunsten von zwei Lamellen aufgegeben. Auf weniger steilen Abschnitten genügt eine einzige Lamelle. Auch Strub fräste die Zähne aus einem Profil, verwendete dazu aber eine Breitfuß-Schiene. Die Zahnstange von Locher unterscheidet sich grundsätzlich von allen anderen, weil ihre Zähne horizontal liegen. Dies war notwendig im Hinblick auf die große Steigung (480 ‰) der Pilatusbahn. Mit vertikalem Zahneingriff wäre die Stand- und Entgleisungssicherheit nicht mehr ausreichend. Die heutigen schweizerischen Vorschriften erlauben vertikale Verzahnungen nur bis zu 250 ‰, obwohl es im Ausland einen bis zu 377 ‰ steilen Zahnradbahnabschnitt mit vertikalem Zahneingriff gibt. Von den bedeutenderen Zahnstangensystemen fehlen in Capolago jene von Marsh und Von Roll. Die von der Schweizer Firma Von Roll entwickelte einlamellige Zahnstange wird als Ersatz von Strubschen Zahnstangen und bei Neukonstruktionen verwendet. Die Zahnstange von Marsh sieht der Riggenbachschen ähnlich (oder umgekehrt), hat aber runde Zähne. Technisch ist die Riggenbachsche Zahnstange überlegen, jene von Marsh läßt sich aber einfacher und günstiger herstellen. Daß sich auch die Lösung von Marsh bewährt hat, beweist wohl die Tatsache, daß seine Bahn am Mount Washington (USA) nach wie vor nahezu unverändert in Betrieb ist. Im Gegensatz zu den meisten Zahnradbahnen unterblieb dort fast jede Modernisierung, was der Bahn heute einen ein-

Beim Bahnhof Capolago der Monte-Generoso-Bahn sind die vier hauptsächlich verwendeten Zahnstangensysteme ausgestellt. Hier das System Riggenbach, es stammt von der Vitznau-Rigi-Bahn.

Zahnradsystem Abt, das z.B. bei der Gornergratbahn oder den Chemins de fer des Rochers-de-Naye angewendet wird.

maligen Charakter verleiht. Während die Mount-Washington-Bahn die Genialität des Zahnradbahnsystems dadurch beweist, daß es nach mehr als einem Jahrhundert nach wie vor zuverlässig und wirtschaftlich funktioniert, zeigen die schweizerischen Zahnradbahnen durch Neuerungen und Investitionen, daß das System ausbaufähig ist und den Erfordernissen der Zeit angepaßt werden kann. Bei an sich unveränderter Konzeption und vielfach auf der alten Trasse mit originaler Zahnstange ist es gelungen, Attraktivität, Transportleistung, Komfort und Geschwindigkeit erheblich zu steigern. Welches andere technische Produkt erreicht heute auch nur annähernd eine Lebensdauer von hundert Jahren?
Während die Zahnradbahn auf den Mount Washington in Amerika nur wenige Nachahmer fand, löste die erste Anlage auf die Rigi in der Schweiz und in den anderen Alpenländern ein regelrechtes Bergbahnfieber aus. Kaum ein bedeutender Berg wurde mit Projekten verschont, und etliche sind auch ausgeführt worden. Leider hielten unsere Vorväter wenig von Koordination, Zusammenarbeit und Normierung. Spurweiten, Zahnstangentypen und Stromsysteme wurden nicht etwa vereinheitlicht, sondern möglichst unterschiedlich gewählt, auf daß keiner des anderen Kreise störe. Allein in der Schweiz gibt es drei Spurweiten (800, 1000 und 1435 mm), fünf Zahnstangensysteme (Riggenbach, Abt, Strub, Locher und Von Roll), drei Traktionsarten (Dampf-, Diesel- und elektrischer Betrieb), letzterer mit zwei Stromzufuhrsystemen (Fahrleitung und dritte Schiene) und drei Stromarten (Gleich-, Wechsel- und Drehstrom, jeweils größtenteils noch mit anderen Spannungen), reine Zahnradbahnen sowie kombinierte Zahnrad- und Adhäsionsbahnen, maximale Steigungen von 110 ‰ bis 480 ‰, drei Teilungen (Abstand zwischen zwei Zähnen: 80 mm, 100 mm und 120 mm), verschieden hohe Eingriffslinien über der Schienenoberkante und unterschiedlichste Zahngeometrien. Als ob dies nicht genug wäre, unterscheiden sich die Bahnen auch noch durch größere und kleinere Lichtraumprofile, nicht normierte Bahnsteighöhen, Druckluft- oder Vakuumbremsen oder beides, verschiedene Kupplungen auf unterschiedlichen Höhen und, last but not least, ungleiche Zugsicherungssysteme. Diese Eigenschaften sind auch in beliebigen Kombinationen vorhanden! Und im Ausland ... na, lassen wir das. Diese „Artenvielfalt" mag zwar Eisenbahnfreunde begeistern, verunmöglicht jedoch größere Serien bei der Fahrzeugbeschaffung, was diese entsprechend verteuert.
Wer die Entwicklungsgeschichte der Zahnradbahnen studieren möchte, fährt am besten nach Brienz, zur Rigi und nach Montreux. Dort sind sowohl historisches als auch topmodernes Rollmaterial fahrplanmäßig in Betrieb. Bei der Brienz-Rothorn-Bahn läßt sich die Entwicklung der Dampftraktion beinahe lückenlos verfolgen, sind doch nicht weniger als drei Lokomotivgenerationen im täglichen Einsatz. Auch Diesellokomotiven mit dem im Eisenbahnfahrzeugbau selten angewendeten hydrostatischen Antrieb sind dort anzutreffen. Zum Erstaunen vieler sind sie älter als die neuesten Dampflokomotiven. Die Diesellokomotiven entstanden in einer Zeit, als der touristische Wert der Dampftraktion noch nicht voll erkannt wurde und sich die Lokomotivfabriken zu schade fanden, so etwas „Altmodisches" wieder zu produzieren. Ziel dieser Beschaffungen war, die alten Dampflokomotiven der Brienz-Rothorn-Bahn zu schonen und die Wirtschaftlichkeit zu verbessern. Dasselbe kann heute mit den modernen, einmännig bedienten Dampflokomotiven der SLM erreicht werden, ohne die Attraktivität der Dampftraktion preiszugeben. Deshalb werden nun wieder neue Dampflokomotiven beschafft. Bei den Rigi-Bahnen können sowohl der traditionelle Dampfbetrieb als auch die verschiedenen Entwicklungsstufen der elektrischen Zugförderung studiert werden. Die Montreux-Glion-Rochers-de-Naye-Bahn hat modernen Dampfbetrieb und drei Fahrzeuggenerationen der elektrischen Traktion. Die elektrischen Doppeltriebwagen können seit neuestem sogar in Vielfachsteuerung gefahren werden. Dies ermöglicht die einmännige Führung eines Zuges mit rund 350 Sitzplätzen. Natürlich sind auch die anderen Zahnradbahnen sehenswert. Eigentlich hat jede Strecke ihren besonderen Reiz, und am besten besucht man alle. Das vorliegende Buch vermittelt ja hierfür die besten Vorschläge.
Eine zunehmende Zahl von Bergbahn-Unternehmen hat inzwischen erkannt, daß die Reise selbst oft ebenso wichtig ist wie das Ziel und daß es sich bei Touristen um eine anspruchsvolle, aber gut zahlende Kundschaft handelt und nicht um „Beförderungsfälle", die lediglich möglichst rasch und billig von A nach B transportiert werden wollen. Dampffahrten sind nur eine der Möglichkeiten, die Attraktivität der Fahrt und damit die Zufriedenheit der Kunden zu steigern. Erfreulicherweise entwickeln die Zahnradbahnen recht viel Phantasie und Initiative. Mondscheinfahrten, Sonnenaufgangs- und Sonnenuntergangsfahrten, Belle Epoque-, Panorama-, Sa-

lon- und Speisewagen – bestückt mit schrägfüßigen, der Steilheit der Strecke angepaßten Gläsern –, geführte Wanderungen, Rennen von Mensch gegen Maschine und vieles mehr steht auf dem Programm und findet beim Publikum großen Anklang.
Auch die Luftseilbahnen haben diesen Trend erkannt und suchen nach Mittel und Wegen, um ihre etwas eintönigen Fahrten besser zu vermarkten. Der Boden der neuesten Kabinen der Titlisbahnen dreht sich während der Fahrt um seine Achse, damit der am Fenster stehende Teil der Passagiere die ganze Rundsicht genießen kann. Diese offiziell als Rotair, inoffiziell etwas despektierlich „Touristentumbler“ genannte Erfindung scheint ebenfalls Erfolg zu haben. Einzig die Skifahrer, die nun ihre Sportgeräte nicht mehr an die Wand stellen dürfen, ärgern sich nach der fünften Bergfahrt etwas über die Rotiererei. Für Zahnradbahnen ist der „Rotair“-Effekt freilich nichts Neues. Er ist bereits in der kurvenreichen Streckenführung eingebaut, sorgt doch die im Verlaufe einer Bergfahrt mehrfach wechselnde Hangseite für eine abwechslungsreiche Aussicht der Passagiere. Etwas anderes aber können die Seilbahnen ihren Kunden auch mit technischen Tricks nicht bieten: die Faszination des Dampfes. Wo immer eine dampfbetriebene Maschine auftaucht, zieht sie die Leute in ihren Bann. Fasziniert und ehrfurchtsvoll bleiben jung und alt stehen, betrachten die wirbelnden Stangen, horchen dem rhythmischen Stampfen und Schnaufen, riechen das brutzelnde Zylinderschmieröl und den schwefligen Duft des Rauches (letzterer entfällt bei den modernen ölgefeuerten Dampflokomotiven). Selbst Zeitgenossen, die sich sonst nur noch auf Pneus fortbewegen, verspüren den Drang, ihre „fahrende Ritterrüstung“ einmal zu verlassen und mit einem Dampfzug mitzufahren.
1996, im Jubiläumsjahr der Rigi-Bahn, ist die Dampf-Fan-Gemeinde noch etwas gewachsen. Da konnte die erste Lokomotive der Schweizerischen Lokomotiv- und Maschinenfabrik Winterthur (SLM), eine Zahnraddampflokomotive mit stehendem Kessel, Baujahr 1873, wieder fahrplanmäßig von Rigi-Staffel zum Rigi-Kulm schnaufen. Sie war seit 1937 im Verkehrshaus der Schweiz in Luzern ausgestellt und wurde 1995/96 in den Hallen der SLM in Winterthur betriebsfähig revidiert. Gleichzeitig entstanden weitere fünf moderne Zahnraddampflokomotiven für die Brienz-Rothorn-Bahn und die Schafbergbahn der Österreichischen Bundesbahnen. Wer solches vor zwanzig Jahren prognostiziert hätte, wäre wohl für verrückt erklärt worden. In der Tat, seltsame Dinge passieren auf dieser Welt. Oder hätten Sie gedacht, daß es genügend Leute gibt, die dafür bezahlen, daß sie Kohle schaufeln dürfen? Nach dem Vorbild ausländischer Schmalspurbahnen führte die Brienz-Rothorn-Bahn erstmals einen Dampf-Workshop durch, bei dem die Teilnehmer Grundlagen der Dampftechnik und die Kunst des Heizens erlernen. Es wurde ein voller Erfolg; der erste Kurs war im Nu ausgebucht und mußte sogleich wiederholt werden – wie gesagt, die Faszination des Dampfbetriebes.
Natürlich haben die Zahnradbahnen einige systembedingte Nachteile. Sie sind sehr langsam ... sagt man. Wer nur die Geschwindigkeit zum Boden betrachtet, mag sogar recht haben. 9, 12,16, 21 km/h sind bei reinen Zahnradbahnen üblich; technisch sind bei weniger steiler Trassierung 40 km/h möglich und realisiert. Nicht sehr eindrücklich, wenn man das mit dem TGV und dem ICE vergleicht. Nun, jedes Ding an seinen Ort. Denn Zahnradbahnen überwinden nicht in erster Linie Distanz, sondern Höhe. Und dies tun sie sehr effizient. Trotz des gemütlichen Tempos gelangt man oft früher ans Ziel als mit vermeintlich schnelleren Verkehrsmitteln. Ein paar Rechenbeispiele mögen dies illustrieren. Die Pilatusbahn fährt 9 km/h und benötigt für die 1634 m Höhendifferenz eine halbe Stunde. Sie klettert also mehr als 54 m in der Minute. Die Gotthardbahn mit 25 ‰ Steigung und 80 km/h steigt dagegen nur gut 33 m in der Minute, obwohl sie fast „zehnmal schneller“ fährt. Auch mit einer Hochgeschwindigkeitsstrecke ließen sich höher gelegene Ziele nicht schneller erreichen. Von den kaum überwindbaren Trassierungsproblemen einmal abgesehen, würde eine fiktive Strecke mit 10 ‰ Maximalsteigung mindestens rund 165 km lang, was bei 30 Minuten Fahrzeit eine Reisegeschwindigkeit von 330 km/h erfordern würde – selbst für den neuesten TGV etwas zu viel.
Ach, alles akademische Rechenübungen werden nun einige einwenden; soll er doch seine Zahnradbahnen besser mit Seilbahnen vergleichen. Tatsächlich dürfen und können moderne Stand- und Luftseilbahnen bis zu 36 km/h schnell fahren, und zwar ebenso steil oder noch steiler als Zahnradbahnen. Das gibt natürlich die größeren Klettergeschwindigkeiten. Trotzdem ist man meistens nicht schneller am Ziel. Denn auch Seilbahnen haben ihre systembedingten Nachteile. Sie können nicht beliebig lang gebaut werden und müssen in Sektionen aufgeteilt werden.

Zahnradsystem Strub, das z.B. bei der Tramway du Mont Blanc oder der Wendelsteinbahn angewendet wird.

Zahnradsystem Locher, das nur bei der Pilatusbahn angewendet wird.

Dann ist Umsteigen angesagt und oft heißt das, daß man nochmals in der Schlange anstehen muß. Derweil sitzt der Zahnradbahnpassagier gemütlich im Zug und fährt langsam, aber stetig dem Gipfel entgegen oder ist bereits oben und genießt im Restaurant sein Vesper.

Wie mag wohl die Zukunft der Zahnradbahnen aussehen? Auf den ersten Blick eher düster. Die Erschließung der Alpen mit Bergbahnen ist weitgehend abgeschlossen. Es wäre ja auch nicht sinnvoll, auf jeden Gipfel eine Bahn zu bauen. Von einzelnen Ausnahmen abgesehen, sind Neuanlagen also kaum zu erwarten. Dagegen werden mancherorts die Transportkapazitäten bestehender Anlagen vergrößert, vor allem dort, wo Skifahrer transportiert werden. Bei einigen Zahnradbahnen sind auch Streckenverlängerungen projektiert. Der große Trend der nächsten Jahre dürfte jedoch in der Wiederinbetriebnahme stillgelegter Zahnradbahnen bestehen. Dies scheint zwar auf den ersten Blick etwas absurd, wurden doch in den letzten dreißig Jahren mehr Zahnradbahnen stillgelegt als neu eröffnet. Schaut man etwas genauer hin, zeigt sich, daß die meisten dieser Bahnen dem Straßenverkehr geopfert worden sind, mit dem sie ein Stück weit die Trasse teilten. Ersetzt wurden diese Zahnradbahnen in der Regel durch Busse. Diese sind billiger zu betreiben als Zahnradbahnen, vor allem weil sie ihren Fahrweg nicht zu bezahlen brauchen und wesentlich weniger strenge Sicherheitsauflagen erfüllen müssen. Natürlich ist dies keine gerechte Lösung; das wissen alle. Aber es ist trotzdem so, und so lange es so bleibt, werden wohl weiterhin volkswirtschaftlich fragwürdige Entscheidungen gefällt werden.

Ganz so düster sieht es aber nicht aus. Ironie des Schicksals sorgt vielleicht dafür, daß ausgerechnet der Straßenverkehr für eine Wiederbelebung verschiedener Zahnradbahnen sorgen könnte. Man hat inzwischen realisiert, daß kein Automobilist seinen Wagen für eine Busfahrt bei der früheren Talstation stehen läßt, sondern gleich selbst hinauffährt. Der im Ort überbordende Verkehr sorgt dann dafür, daß die Touristen nicht nur die Parkplätze, sondern auch die Erholung vergeblich suchen. Und weil sich alle Gäste über den Lärm und die Abgase ärgern und verärgerte Touristen weniger Geld ausgeben oder noch schlimmer, nicht mehr wiederkommen, blicken viele Ferienorte etwas neidisch auf die autofreien, nur mittels Bergbahnen erschlossenen Orte wie Zermatt und Wengen. Diese beweisen tagtäglich, daß Zahnradbahnen durchaus in der Lage sind, die Bevölkerung und die Feriengäste mit allen notwendigen und anderen Gütern zu versorgen. Dank der Flexibilität und dem Einfallsreichtum der Zahnradbahnbetreiber lassen sich auch schwierige Transportaufgaben ohne Straßenverkehr lösen. Selbst Fernsehübertragungen von Skirennen sind möglich, und das ist ja schließlich etwas vom Wichtigsten!

Das in vielen Fremdenverkehrsgebieten feststellbare Umdenken in Richtung Qualität statt Quantität und hin zu einem nachhaltigen, sanften Tourismus, spricht zweifellos für die Erschließung weiterer Gegenden mit den umweltverträglichen Zahnradbahnen, vor allem dort, wo die Infrastruktur dazu schon einmal vorhanden war. Es existieren deshalb diverse Projekte zur Wiederinbetriebnahme von stillgelegten Zahnradbahnstrecken. Die Chancen sind gut. Zwar sind die Schienen und Fahrleitungen abgebaut. Die Trasse – samt Brücken, Tunnels und ehemaligen Stationsgebäuden – ist jedoch noch vorhanden und in der Regel weitgehend intakt. Dies ermöglicht wesentlich tiefere Investitionen als bei einer kompletten Neuanlage. Weil ja auch wieder moderne, saubere und wirtschaftliche Dampflokomotiven fabriziert werden, kann auch guten Gewissens auf die „Verzierung“ der Landschaft durch Fahrleitungen verzichtet werden, was wiederum erheblich Kosten spart. So ließe sich manche der stillgelegten Zahnradbahnen mit vergleichsweise geringen Investitionen reaktivieren, zur Freude der Touristen und der Einheimischen. Vielleicht fahren also die Zahnradbahnen nicht nur symbolisch, sondern auch tatsächlich mit Volldampf in die Zukunft.

Roger M. Waller
Dipl. Masch.-Ing. ETH
CH-8400 Winterthur

Tramway du Mont Blanc – dem höchsten Berg Europas entgegen

Am Ausgangspunkt der TMB gegenüber dem SNCF-Bahnhof in Le Fayet wartet der gelb-blaue Triebwagen auf Fahrgäste.

Zwei der letzten drei Zahnradbahnen Frankreichs befinden sich im Alpen-Departement Haute Savoie. Eine davon, die Tramway du Mont Blanc, erschließt von Le Fayet aus das Mont-Blanc-Gebiet. Ursprünglich hätte die meterspurige gemischte Adhäsions- und Zahnradbahn nach System Strub bis in 3800 m Höhe zur Aiguille de Goûter, einem Vorgipfel des Mont Blanc, führen sollen.

Am Ende des 19. Jh. wurden die verschiedenartigsten Bahnen zum Mont Blanc geplant. Keines dieser unrealistischen Projekte kam zur Ausführung. Genehmigt wurden schließlich die Pläne der Compagnie Tramway du Mont Blanc (TMB). Vorgesehen war eine Streckenführung von Le Fayet über St.-Gervais-Village zum Col de Voza und weiter über Bellevue in offener Linienführung zum Tête-Rousse-Schutzhaus in 3100 m Höhe. Von dort sollte in einem Kehrtunnel die Aiguille de Goûter erreicht werden. Die in 3800 m Höhe vorgesehene Gipfelstation wäre die höchstgelegene Bergstation einer Zahnradbahn in Europa gewesen (350 m höher als das Jungfraujoch). Mit dem Bau wurde 1907 begonnen, und bereits im Spätsommer 1909 konnte das 7,6 km lange Streckenstück von Le Fayet bis zum 1638 m hoch gelegenen Sattel des Col de Voza eröffnet werden. Zwei Jahre später wurde die Verlängerung über Bellevue zum Mont Lachat (km 10,9/2077 m Höhe) in Betrieb genommen. Fehlende Kredite verzögerten in der Folgezeit die Fertigstellung, und beim Ausbruch des Ersten Weltkrieges im August 1914 wurden die Bauarbeiten am Fuße des Glacier de Bionnassay bei km 12,4 in 2372 m Höhe eingestellt. Leider konnte aufgrund fehlenden Kapitals der Weiterbau nie mehr aufgenommen werden. So endet die Strecke noch heute wenige Meter nach zwei kurzen Tunnels abrupt in ungebrochener Steigung am Nid d'Aigle (Adlernest). Kein Umsetzgleis, kein Empfangsgebäude wurde errichtet. Auch ein Prellbock fehlt; die Strecke endet einfach im felsigen Gelände.

Die Zahnstangenrampen sind ingesamt 10,2 km lang, im Adhäsionsbetrieb werden 2,2 km befahren. Für den Betrieb bestellte die TMB bei SLM fünf Dampflokomotiven (Baujahr 1906, Betriebs-Nr. 1–5) mit der Achsfolge B. Von der Martigny-Châtelard-Bahn kam deren ehemalige Baulokomotive 1927 als Lok Nr. 6 zur TMB. Auch sie war eine SLM-Maschine (Baujahr 1903) mit der Achsfolge B. Fast 50 Jahre lang waren die Dampflokomotiven im Einsatz. Die Elektrifizierung der TMB erfolgte 1957 (10,5 kV/50 Hz). Drei Triebwagen lieferte SLM/MFO, die dazugehörigen Beiwagen Decauville. Diese drei elektrischen Triebwagenzüge reichen seither aus, um in der Sommer- und Wintersaison die Fahrgäste zu befördern. Die Züge tragen keine Betriebsnummer, sie unterscheiden sich durch die unterschiedliche zweifarbige Lackierung (blau/gelb, orange/elfenbein, gelb/blau). Von den Dampflokomotiven ist heute keine betriebsfähige Maschine mehr vorhanden. Nur noch die Lok Nr. 2 steht im Schuppen von Le Fayet aufgestellt. Jedoch sind Gespräche über den Ankauf einer der neuen SLM-Dampflokomotiven, wie sie bereits bei verschiedenen Zahnradbahnen in Betrieb sind, im Gange.

Im SNCF-Bahnhof von Le Fayet endet die Vollbahn aus Richtung Genf und beginnt die schmalspurige Fortsetzung durch das Chamonixtal nach Le Châtelard mit Anschluß an die Martigny-Châtelard-Bahn. Vor dem Empfangsgebäude von Le Fayet warten die

Nur wenige hundert Meter fährt die TMB wirklich als Tramway auf Rillenschienen im Ortsbild von Le Fayet. Kurz bevor die erste Zahnstangenrampe beginnt, überqueren die Züge auf einer Straßenbrücke das Flüßchen „Le Bon Nam“.

bunten TMB-Triebwagen auf die Fahrgäste. Am Beginn der Reise ins Mont-Blanc-Gebiet wird die Bahn ihrem Namen durchaus gerecht. Die Züge fahren wie eine Tram durch den Ort. Aber schon nach einigen hundert Metern beginnt am Ortsrand die erste Zahnstangenrampe, und die Züge benützen ihre eigene Trasse. Erster Halt ist in der Ortschaft St. Gervais. Durch Wälder klettert die Bahn in der Maximalsteigung von 240 ‰ hoch zur Ausweichstation Motivon. Weiter über den Col de Voza zur

Haltestelle Bellevue-Téléphérique, wo die seit 1937 von les Houches heraufführende Seilschwebebahn der TMB zusätzliche Fahrgäste bringt. Durch alpine Hochgebirgslandschaft erreicht die Bahn den Endpunkt Glacier am Nid d'Aigle.

Insgesamt vier Zahnstangenabschnitte System Strub weist die TMB auf. Ein besonderes Problem sind bei allen Bahnen mit gemischtem Adhäsions- und Zahnradantrieb die Zahnstangeneinfahrten. Um Schäden an den Zahnradtriebwerken und Zahnstangen zu vermeiden, darf nur mit geringer Geschwindigkeit in die federnd gelagerten Zahnstangen eingefahren werden. Im Bild erreicht ein bei der Haltestelle Bellevue-Téléphérique talwärts fahrender Zug das Ende des dritten oberen Zahnstangenabschnittes. Deutlich ist die Einfahrzunge mit der Feder zu erkennen.

T M B

Linke Seite: Bei der Haltestelle Mont Lachat wendet sich die zuvor west-östlich verlaufende Strecke in einem scharfen Knick nach Süden, um in der Maximalsteigung von 240°/₀₀ den Endpunkt Nid d'Aigle zu erreichen.

Oben: Im oberen Streckenteil führt die von zahlreichen Ausflüglern auch als Wanderweg benützte Trasse am steilen Berghang entlang.

Linke Seite: Kurz bevor die Züge den Endpunkt der Strecke erreichen, durchfahren sie zwei kurze Tunnels.

Oben: Wenige Meter nach dem letzten Tunnel ist für die Tramway du Mont Blanc Endstation am Nid d'Aigle in 2372 m Höhe. Ab diesem Punkt hätte die Bahn zur einst geplanten Gipfelstation noch über 1400 Höhenmeter überwinden müssen. Gut ausgerüstete Wanderer und Bergsteiger starten von hier aus in die Eiswelt der Mont-Blanc-Gruppe, während die in Turnschuhen angereisten Tagestouristen selten weiter als bis zum Getränkekiosk kommen.

Von Chamonix zum Mer de Glace

Die zweite Zahnradbahn im Department Haute-Savoie beginnt im Touristenzentrum Chamonix.
Oberhalb des SNCF-Bahnhofes liegt in 1040 m Höhe die Talstation der Montenvers-Bahn (CM) zum Mer de Glace. Die meterspurige Zahnradbahn nach System Strub ist mit der gleichfalls meterspurigen Staatsbahnstrecke durch ein Gleis verbunden.
Obwohl der Ingenieur Julien Chapuis bereits 1892 die Genehmigung zum Bau der Bahn beantragte, konnte erst 14 Jahre später, 1906, mit den Arbeiten begonnen werden. Der Bau verlief ohne große Schwierigkeiten, und der Betrieb zur 1913 m hoch gelegenen Bergstation La Mer de Glace konnte 1909 aufgenommen werden. Die Fahrzeuge der Montenvers-Bahn wurden von Anfang an bis heute überwiegend aus der Schweiz bezogen. Auch das Bezeichnungsschema der Fahrzeuge wurde vom eidgenössischen Vorbild übernommen. Als Erstausstattung baute SLM 1907 fünf Naßdampflokomotiven HG 2/3, und SIG lieferte fünf offene und neun geschlossene Drehgestellwagen. Von 1922–1926 folgten noch drei ebenfalls von SLM gebaute Heißdampflokomotiven. Die 1922 gelieferte Betriebs-Nr. 6 steht heute als Denkmal an der Talstation in Chamonix.
Anfang der fünfziger Jahre stieg das Fahrgastaufkommen erheblich an. Um die Transportkapazität zu erhöhen, erfolgte die Elektrifizierung der Strecke

Linke Seite: Ein Beh-4/4-Triebwagen erreicht die Talstation, in der schon zahlreiche Touristen warten, um die Fahrt zum Eismeer anzutreten. Die Scheibe an der Stirnseite des Triebwagens zeigt an, daß noch ein weiterer Zug nachfolgt.

(10,5 kV/50 Hz). Der elektrische Regelbetrieb konnte 1954 mit vier von SLM/MFO gelieferten Triebwagen Beh 4/4 1–4 aufgenommen werden. Zwei weitere Triebwagen gleicher Bauart wurden 1960 bzw. 1980 in Betrieb genommen. Drei dieselhydraulische Zahnradlokomotiven HGm 2/3 bilden die fahrdrahtunabhängige Betriebsreserve. Auch diese Fahrzeuge lieferte SLM in den Jahren 1967/71/72.
Bis zum Jahre 1970 wurde die CM als kombinierte Zahnrad- und Adhäsionsbahn betrieben. Die Bahnhöfe Chamonix und Montenvers waren einst ohne Zahnstangen angelegt worden. Im Zusammenhang mit dem Bau einer Umgehungsstraße in Chamonix mußte der unmittelbar nach der Bahnhofsausfahrt folgende Bahnübergang verbreitert und die hinter dem Übergang liegende Zahnstangeneinfahrt versetzt werden. Da eine Verlegung in die beginnende Steigung nicht möglich war, entschloß man sich, den gesamten Bahnhofsbereich mit einer leichten Lamellenzahnstange auszurüsten. Um an der Bergstation auf das zeitraubende Einfahren in die Zahnstange verzichten zu können, wurden auch dort Zahnstangen verlegt. Seither wird der auf eine Achse wirkende Adhäsionshilfsantrieb der Triebfahrzeuge nur noch für die kurze

Rechts: Nach über 50 Jahren Betriebszeit steht die Dampflokomotive Nr. 6 in Chamonix auf dem Denkmalsockel. Ob die gepflegt wirkende Maschine eines Tages wieder auf die Strecke zurückkehrt?

Linke Seite: Oberhalb der Ausweichstelle Caillot ist Triebwagen Nr. 44 unterwegs.

Fahrt zum Depot benötigt. Eine besonders einfallsreiche technische Lösung wurde im Bereich der Straßenkreuzung an der Ausfahrt Chamonix verwirklicht. Bei geöffneter Schranke ist die Zahnstange auf das Niveau der Straße abgesenkt, und Fußgänger und Straßenfahrzeuge können ohne Gefahr die Schienen überqueren. Erst bei geschlossener Schranke hebt sich die Zahnstange hydraulisch, und die Züge können passieren. Inzwischen ist dieses System stillgelegt, das Niveau der Straße wurde höher gelegt.
Früher schoben die Dampflokomotiven die Züge in etwa 50 Minuten zur Bergstation, heute erreichen die Fahrgäste fast 30 Minuten schneller den in schönster Aussichtslage über dem Gletscher thronenden Bahnhof.

Rechts: Den 153 m langen S-förmigen Montenvers-Viadukt überquert Triebwagen 44. Im Hintergrund ragen die Felswände der Aiguille du Dru empor. Beim Montenvers-Viadukt wird die Erinnerung an das schwerste Unglück in der Geschichte der Zahnradbahnen wach. Am Abend des 25. August 1927 verließ ein Zug, bestehend aus Lokomotive Nr. 3 und zwei vollbesetzten Wagen, die Bergstation Montenvers. Im danach beginnenden Gefälle beschleunigte der Zug stark und es kam zum Entgleisen der Lokomotive, so daß keine der Bremsen mehr wirksam war. Die Lokomotive fuhr noch auf dem Gleisbett etwa 200 m weiter bis zum Montenvers-Viadukt, stürzte dort in der Kurve um und riß einen der angekuppelten Wagen mit in die Tiefe. Der zweite Wagen konnte vom Schaffner mit der Handbremse zum Halt gebracht werden. Bei diesem Unfall fanden 22 Menschen den Tod.

Oben: Gleich hat der am Hotel du Montenvers vorbeifahrende Zug die Bergstation erreicht.

Rechte Seite: Die Bergstation Montenvers liegt oberhalb des Mer de Glace (Eismeer). Von hier blickt der Besucher auf eine fantastische Bergwelt. Über dem Gletscher erheben sich die Viertausender Grandes Jorasses (4208 m), Aiguille du Géant (4013 m) und Aiguille Verte (4122 m). Eine Gondelbahn führt von der Bergstation hinab zum Gletscher, wo es eine Grotte zu besichtigen gibt.

Über 70 Jahre elektrischen Betrieb umfassen die drei Fahrzeuggenerationen, die im Bahnhof Glion abgelichtet wurden. Im Vordergrund die Lokomotive He 2/2 Nr. 3 aus dem Jahre 1909, links der seit 1938 in Betrieb stehende Bhe 2/4 Nr. 201 und im Hintergrund einer der 1983 beschafften Doppeltriebwagen Bhe 4/8.

Chemins de fer des Rochers-de-Naye

Die Chemins de fer des Rochers-de-Naye führt vom berühmten Nobelkurort Montreux auf den majestätisch über dem Genfer See sich erhebenden Aussichtsberg Rochers de Naye. Die Geschichte dieser kühnen Zahnradbahn ist die Geschichte dreier Bahnen, die mit einer Standseilbahn beginnt. Es war um 1880 die Idee von Niklaus Riggenbach, des Schweizer Zahnradpioniers, zwischen dem am Genfer See gelegenen malerischen Ort Territet und der 400 m höher gelegenen Ortschaft Glion eine Standseilbahn zu errichten. Bereits 1883 konnte diese erste Westschweizer Bergbahn ihren Betrieb aufnehmen. Die 680 m lange und 57% steile Bahn funktionierte nach dem Prinzip eines Gegengewichtes mit Wasser. In jeden der beiden Seilbahnwagen war ein Tank eingebaut, der in der Bergstation mit Wasser gefüllt wurde. Das in der Talstation wartende Fahrzeug hatte seinen Wassertank entleert, und nun konnte

Ein gut besetzter Doppeltriebwagen hat Caux erreicht. Nachdem die hier aussteigenden Fahrgäste ihr Gepäck aus dem leichten Vorstellwagen ausgeladen haben, wird die Reise mit Ziel Rochers de Naye fortgesetzt. Kurz danach wird auch Triebwagen 201 seine Fahrt nach Montreux antreten.

das abwärts fahrende dieses durch sein höheres Gewicht nach oben ziehen.

Die Standseilbahn fand beim Publikum großen Anklang, und so wurde bald die Forderung nach einer Verlängerung zu den Rochers de Naye laut. Da wegen der Länge der Strecke eine weitere Standseilbahn nicht möglich war, entschloß man sich für eine Zahnradbahn nach System Abt in 800 mm Spurweite. Mit dem Bau der Strecke wurde 1890 begonnen, und trotz gewisser Schwierigkeiten beim Bau des 430 m langen Tunnels durch die Felswand des Rochers de Naye, konnte der Betrieb mit Dampflokomotiven am 27. Juli 1892 von Glion bis zur 1970 m hoch gelegenen Gipfelstation aufgenommen werden. Die Strecke ist 7,7 km lang, besitzt eine Maximalsteigung von 220 ‰ und überwindet eine Höhendifferenz von 1281 m.

Die Eröffnung der Zahnradbahn, die als Chemin de fer Glion – Rochers-de-Naye (GN) firmierte, löste einen großen Ansturm von Touristen aus, dem die Seilbahn Territet – Glion bald nicht mehr gewachsen war. Es wurden deshalb bereits 1892 Überlegungen über den Bau einer direkten Bahn von Montreux nach Glion angestellt. Mehrere Konzessionsgesuche wurden in den folgenden Jahren eingereicht, die Baubewilligung erhielt jedoch erst 1905 ein Projekt, das elektrischen Betrieb, aber ansonsten die gleichen Baugrundsätze wie bei der bestehenden Zahnradbahn Glion – Naye vorsah. Durch die Fertigstellung mehrerer Tunnels dauerte der Bau der 2850 m langen Strecke von 1907 bis 1909. Nach Eröffnung der Montreux-Glion-Bahn (MGl), konnten nun die Touristen vom Bahnhof in Montreux zum Gipfel des Rochers de Naye fahren. Allerdings mußte in Glion von der elektrischen Lokomotive auf eine Dampflokomotive der GN umgespannt werden. Erst 1938 wurde auch die GN elektrifiziert (850 V=) und konnten danach durchgehende Züge nach Rochers de Naye geführt werden. Fünfzig Jahre später, 1988, fusionierten die drei eng zusammenarbeitenden Bahnen zur Montreux-Territet-Glion-Naye-Bahn (MTGN) und bezeichnen sich seither als Chemins de fer des Rochers-de-Naye.

Von den acht Dampflokomotiven, die von der ehemaligen GN zwischen 1891 und 1909 beschafft wurden, existiert noch die ehemalige Nr. 4, die über die Monte-Generoso-Bahn zur Brienz-Rothorn-Bahn kam, wo sie noch heute als Nr. 1 im Betriebseinsatz steht. Zum 100jährigen Jubiläum der Strecke 1992 kehrte jedoch der Dampfbetrieb zurück. Die Chemin de fer des Rochers-de-Naye beschaffte eine der neuen, ölgefeuerten und nach modernsten Konstruktionsprinzipien von SLM gebauten Dampflokomotiven. Die Lokomotive vom Typ H 2/3 fährt im Sommer mit zwei „Belle-Epoque“-Vorstellwagen täglich (außer montags) von Caux aus zur Gipfelstation. Der planmäßige Betrieb wird heute mit den zwischen 1938 und 1966 beschafften ABhe 2/4 201–208 und den 1983 gelieferten modernen Doppeltriebwagen Bhe 4/8 301–303 durchgeführt. Von den drei elektrischen Lokomotiven HGe 2/2 der ehemaligen MGl sind noch die Nr. 2 und 3 (nach Umbau Nr. 101) als Betriebsreserve und für Dienstzüge im Einsatz. Wer an einem schönen Tag die Rochers de Naye erreicht, wird sicher nie das prachtvolle Panorama vergessen, das sich von diesem „Belvedere“ aus bietet. Wie bei einer Perlenkette reihen sich bei klarer Sicht die Berge der Berner, Waadtländer, Walliser und Savoyer Alpen aneinander. Der ganze Genfer See kann überblickt werden. Ein weiterer Anziehungspunkt ist der Alpengarten „La Rambertia“ mit seinen über 1500 Pflanzenarten, der von der Bergstation in knapp 10 Minuten erreicht werden kann.

304
304

Linke Seite: Nahe bei Caux, von dem sich ein herrlicher Ausblick auf den Genfer See bietet, strebt Bhe 4/8 bergwärts.

Rechts: Der steil emporragende 1878 m hohe Dent de Jaman gab der an seinem Fuße liegenden Ausweichstation den Namen.

Links: Nachdem die Felswand des Rochers de Naye durchfahren ist, erreichen die Züge in einer großen Kurve und durch einen letzten, kurzen Tunnel die Endstation.

Rechte Seite: Nur schwach besetzt sind die beiden „Belle-Epoque"-Vorstellwagen, die von der modernen Dampflokomotive „ROCHERS DE NAYE" unterhalb der Gipfelstation bergwärts geschoben werden.

Oben: Zum 100jährigen Jubiläum 1992 schenkte sich die Chemins de fer des Rochers-de-Naye eine nagelneue Dampflokomotive. Die von der SLM gebaute Maschine, zwei weitere gleiche erhielten die Brienz-Rothorn-Bahn und die ÖBB, ist ölgefeuert und wird von einem Mann bedient. Im Bild wartet die auf den Namen „ROCHERS DE NAYE" getaufte MGN 1 in der Bergstation auf die Rückfahrt nach Caux.

Rechte Seite: Die letzten Fahrgäste steigen in Rochers de Naye in den zur Abfahrt bereiten Doppeltriebwagen ein. Bei schlechtem Wetter warten die Triebwagen in der zweigleisigen Fahrzeughalle, so daß die vom Felsenrestaurant „Plein-Roc" kommenden Fahrgäste einsteigen können, ohne daß sie Regen, Schnee oder Sturm ausgesetzt sind.

Chemin de fer Glion-Naye
1892
1992
ROCHERS DE NAYE

Station Zermatt der Gornergratbahn. Mehrere Triebwagen stehen bereit, um erlebnishungrige Touristen und Ausflügler in die Welt der Viertausender zu bringen.

Mit der Gornergratbahn in die Welt der Viertausender

Die im Sommer 1898 eröffnete Gornergratbahn (GGB) ist die älteste elektrische Zahnradbahn der Schweiz. In großartiger Linienführung verläuft die 9,8 km lange, in Meterspur mit Abt-Zahnstange ausgeführte Bahn von Zermatt (1604 m ü. M.) über die Riffelalp mit einer maximalen Steigung von 200 ‰ auf den Aussichtsberg Gornergrat. Die Bergstation in 3089 m Höhe ü. M., ist der höchstgelegene, offen in der Landschaft liegende Bahnhof Europas. Von dort bietet sich dem Besucher ein überwältigender Anblick, der besonders an klaren Wintertagen unauslöschliche Eindrücke hinterläßt. In einem Umkreis von etwa 15 km liegen 29 von 34 Viertausendern der Schweiz, darunter die markante Pyramide des Matterhorns und die Monte Rosa mit der 4634 m hohen Dufourspitze.

Die Talstation der GGB in Zermatt liegt wenige Schritte vom Endbahnhof der Brig-Visp-Zermatt-Bahn entfernt. Die beiden Bahnen sind durch ein Gleis miteinander verbunden. Bei starkem Fahrgastaufkommen verlassen bis zu sechs Triebwagen, die auf Sichtdistanz hintereinander fahren, die GGB-Station. Kurz nachdem der Zug an Depot und Werkstattgebäude vorbeigefahren ist, überquert er auf einer stählernen Fachwerkbrücke die Matter Vispa. Die eingleisige Strecke steigt danach stark an, und nachdem auf einem 90 m langen und 50 m hohen Viadukt der Findelenbach überquert wurde, wird der Haltepunkt gleichen Namens erreicht. Hier befinden sich die erste Ausweichmöglichkeit für entgegenkommende Züge sowie Ladegleise, die zur Versorgung des oberen Ortsteils von Zermatt eingerichtet wurden. Bei der Fahrt zur nächsten Station Riffelalp werden alle vier Tunnels der Gornergratbahn durchfahren und durch Lücken im Wald wird immer wieder der Blick auf das Matterhorn frei. Von 1899–1960 verkehrte in Riffelalp die höchstgelegene

Die Matter Vispa wird kurz nach der Station auf einer Stahlbrücke überquert.

Trambahn Europas. Sie war in 800-mm-Spur angelegt und hatte die Aufgabe, Gäste mit ihrem Gepäck von der Station zum einige hundert Meter entfernten Hotel Riffelalp zu bringen. Nach der Station wird die hier über 2200 m hoch liegende Waldgrenze erreicht und bei schönem Wetter die Sicht auf das mächtig emporragende Matterhorn frei. Zwischen Riffelalp und Riffelboden, der nächsten, bereits 2384 m hoch liegenden Station, ist die Strecke seit 1978 zweigleisig ausgebaut. Die danach wieder einspurige Strecke überquert in einer fast 1000 m langen Lawinenschutzgalerie das steile Riffelbord und erreicht die Station Riffelberg (2582 m). Ab hier führt die Strecke über die Haltestelle Rotenboden (2819 m) doppelspurig zur 3089 m hoch liegenden Gipfelstation Gornergrat.

Die GGB wird seit der Eröffnung mit Drehstrom betrieben, bis 1930 mit einer Spannung von 550 V, dann 650 V bis 1947 und seither 725 V. Im Eröffnungsjahr 1898 standen für den Betrieb zwei von SLM/BBC gebaute Rowan-Züge zur Verfügung. Bei dieser Bauart stützt sich der erste Wagen auf der Lokomotive ab. Es folgten 1902 noch zwei und 1930 eine weitere Einheit, die im wesentlichen baugleich mit den zuerst gelieferten waren. Diese fünf Kompositionen genügten für den Zugbetrieb bis 1947. Die ersten Bhe-2/4-Triebwagen, die 110 Fahrgästen Platz bieten, lieferte SLM 1947. Alle 16 Fahrzeuge dieser Serie sind noch heute in Betrieb. Vom Hauslieferanten SLM kamen auch 1966 die beiden Doppeltriebwagen Bhe 4/8, denen 1974 noch zwei weitere baugleiche folgten. Jeder dieser vier Doppel-Triebwagen kann 240 Personen befördern. Den Güter- und Bauzugdienst übernahmen 1981 zwei Triebwagen Bhe 4/4 (SLM). Bei Bedarf können sie zusammen mit einem Steuerwagen auch im Personenverkehr eingesetzt werden. Neueste Fahrzeuge sind die vier 1993 in Betrieb genommenen Triebwagen Bhe 4/8 (SLM), die mit Hilfe einer Vielfachsteuerung in Doppeltraktion fahren können. Sie fahren schneller als die seitherigen Triebwagen und erhöhen die Transportkapazität um über 1000 Plätze.

Die ursprünglich als reine Sommerausflugsbahn eröffnete Gornergratbahn hat den Ganzjahresbetrieb bereits 1929 eingeführt und befördert, durch den Aufschwung des Skisports, seit 1950 in der Wintersaison deutlich mehr Personen als im Sommer. Hatte die GGB im Jahre 1899 rund 34 000 Fahrgäste, so sind es heute durch die Skifahrer etwa 4 Millionen pro Jahr.

Oben: Die bereits in 2210 m Höhe liegende Station Riffelalp ist erreicht. Von 1899 bis 1960 verkehrte hier die höchstgelegene Trambahn Europas. Das Bähnchen mit 800 mm Spurweite stellte die Verbindung von der GGB-Station zum 500 m entfernten Hotel Riffelalp her. Das Rollmaterial der zum Hotel gehörenden Bahn bestand aus einem kleinen Personentriebwagen mit 10 Plätzen und einem Gütertriebwagen, mit dem Gepäck und Versorgungsgüter transportiert wurden. Beide Fahrzeuge können noch heute vor dem Hotel Mont Cervin in Zermatt besichtigt werden.

Rechte Seite: Vor der Kulisse des Matterhorns sind drei Triebwagen auf dem Doppelspurabschnitt Riffelalp – Riffelboden unterwegs.

Oben: Triebwagen Bhe 4/8 3042 hat das Ende der beinahe 1000 m langen Riffelbord-Galerie erreicht. Die zum Schutz gegen Lawinen erbaute Galerie ermöglicht der GGB einen sicheren Winterbetrieb. Im Sommer sind die seitlichen Holzbretter entfernt, so daß während der Durchfahrt den Fahrgästen die Aussicht auf die Bergwelt erhalten bleibt.

Rechte Seite: Begegnung von zwei Bhe-4/8-Triebwagen auf dem seit 1964 doppelspurig ausgebauten Abschnitt Riffelberg–Gornergrat. Vor dem Panorama von Gabelhorn (4036 m) und Zinalrothorn (4221 m), in traumhafter Aussichtslage, das Hotel Riffelberg.

Hotel Restaurant

Oben: Nur wenig Futter finden die auf 2500 m Höhe weidenden Bergschafe in der kargen Gebirgslandschaft. Im Hintergrund links die 4357 m hohe Dent Blanche, rechts das Gabelhorn.

Rechte Seite: Auf den Doppelspurabschnitten wird normalerweise rechts gefahren. Bei der Talfahrt arbeiten die Fahrmotoren der Triebwagen als Generatoren, die ihre Energie ins Netz abgeben. Auf diese Weise erzeugen zwei talwärts rollende Züge den Strom für einen bergwärts fahrenden.

Nach einer Fahrt von 45 Minuten kommen die Züge in der Endstation Gornergrat an.
Ein kurzer Spaziergang führt die Besucher zum höchsten Punkt des Gornergrates, von dem sich eine fantastische Rundsicht bietet. Neben den bekannten Viertausendern Monte Rosa Massiv, Castor und Pollux, Breithorn, Matterhorn, Weisshorn liegen noch viele andere Gipfel im Blickfeld. Gleich oberhalb der Bahnstation liegt das durch eine internationale Stiftung finanzierte Observatorium. Im Bild oben die Bergstation mit ihrem zinnengekrönten Turm vor der alles überragenden Kulisse des Matterhorns. Zahlreiche Skifahrer, die mit der Bahn angekommen sind, werden mit der Luftseilbahn zum 3532 m hohen Stockhorn schweben, um von dort die schwierige Abfahrt zu wagen. Den Blick auf die S-Kurve unterhalb der Station zeigt das Bild rechts.

GORNERGRAT-BAHN
3071

Die Dampfbahn Furka-Bergstrecke

Die Dampfbahn Furka-Bergstrecke (DFB) nimmt eine Sonderstellung unter den hier vorgestellten Zahnradbahnen ein. Sie erstürmt keinen Gipfel, sondern führt auf der ehemaligen Strecke der Furka-Oberalp-Bahn (FO) von Realp im Kanton Uri über die Furka ins Wallis nach Gletsch und Oberwald. Als 1982 die FO den 15,4 km langen Furka-Basistunnel in Betrieb nahm, schien das Schicksal der nur im Sommer befahrbaren Bergstrecke über die Furka besiegelt. Kein Zug sollte mehr die in den letzten Jahren nur noch notdürftig unterhaltene Bergstrecke befahren. Die Anlagen sollten so schnell wie möglich abgebrochen und die Trasse als Weg genutzt werden. Als erstes wurden die Gleisanschlüsse in Oberwald und Realp und die Straßenübergänge aufgehoben. Doch im selben Jahr engagierten sich Eisenbahnfreunde in einem Komitee mit dem Ziel, den Abbruch der Bergstrecke zu verhindern, um später den Betrieb mit Dampflokomotiven wieder aufzunehmen. Mit Hilfe der Presse wurde die Öffentlichkeit aufmerksam gemacht, und es konnten weitere Personen zur Unterstützung gewonnen werden. Nach einer medienwirksamen Kundgebung für den Erhalt der Bergstrecke in Gletsch am 6. August 1983, wurde der Streckenabbruch bis zum Frühjahr 1984 verschoben. Dem am 3. Dezember 1983 gegründeten Verein Furka-Bergstrecke (VFB) gelang es in Verhandlungen mit der FO, der Eigentümerin der Strecke, daß im Juli 1984 der Abbruchentscheid aufgehoben wurde. Freiwillige Helfer begannen mit Sanierungs- und Unterhaltungsarbeiten, um den Verfall der Strecke aufzuhalten. Fachleute des Vereins Furka-Bergstrecke entwickelten ein Konzept zur Rettung der Bergstrecke und zum Betrieb einer Touristenbahn. Der Verein wäre jedoch alleine finanziell nicht in der Lage gewesen, die Bergstrecke zu sanieren und den Betrieb wieder aufzunehmen. Auch verlangten die Behörden einen haftungsfähigen Träger. Es kam deshalb 1985 zur Gründung der Aktiengesellschaft Dampfbahn Furka-Bergstrecke AG (DFB). Die Strecke Realp-Gletsch mit allen Anlagen ging 1987 von der FO in das Eigentum der DFB über. Den Abschnitt Oberwald-Gletsch behielt

So sah der Installationsplatz Realp der DFB im Sommer 1994 aus. Hier werden Lokomotiven und Wagen gepflegt, hier befinden sich die Werkstätten und die Unterkünfte. Im Bild kehrt soeben eine Gruppe von „Fronarbeitern“ (so werden bei der DFB die freiwilligen Mitarbeiter genannt) mit der Draisine Xmh von der Bergstrecke zurück.

Die in neuem Glanz erstrahlende Lok HG 3/4 Nr. 1 „Furkahorn" rangiert mit einem Güterwagen vor dem Lokschuppen in Realp.

die FO noch in ihrem Besitz, die Bahnanlagen gingen aber im Baurecht an die DFB.
Für den Einsatz im Bauzugdienst konnte 1987 die Diesellokomotive Xmh 2/2 Nr. 21 in Betrieb genommen werden. Sie wurde von Mitgliedern des VFB in der Werkstätte Goldau in vielen Arbeitsstunden mit Teilen einer gebrauchten Deutz-Lok praktisch neu gebaut. Erste Dampflokomotive war die früher der Visp-Zermatt-Bahn gehörende HG 2/3 Nr. 6 „Weisshorn". 1941 kam sie als Rangierlokomotive zur HOVAG Ems. Der nicht mehr benötigte Zahnradantrieb wurde ausgebaut. 1965 wurde sie als Denkmal vor einer Schule in Chur aufgestellt. Offiziell im Besitz der Schuljugend (!), wurde sie 1988 der DFB geschenkt mit der Auflage, sie wieder betriebsfähig zu machen. Die dazu notwendige Hauptrevision erfolgte bei der Schweizer Firma „Oswald Steam" in Samstagern, SLM lieferte einen neuen Zahnradantrieb. Die Inbetriebnahme der Lokomotive erfolgte 1989. Mit ihr wurde 1992 der Zugverkehr zwischen Realp und Tiefenbach aufgenommen. Die ursprünglich zehn Dampflokomotiven der Furka-Oberalp-Bahn kamen nach der 1940/41 erfolgten Elektrifizie-

Links: Der Installationsplatz Realp ist z. Zt. auch noch Bahnhof für die Züge der DFB. Mächtig zischend bringt Lok 1 „Furkahorn“ die Wagen zur Abfahrtsstelle.

rung der Strecke nur noch selten zum Einsatz. Die FO verkaufte deshalb 1947 die Lokomotiven 1, 2, 8 und 9 an die französische Kolonialverwaltung, die sie nach Vietnam zur Chemin de fer de l'Indochine brachte. Zusammen mit bereits in den Jahren 1924, 1929 und 1930 direkt von der SLM und der Maschinenfabrik Esslingen (2) nach Vietnam gelieferten 10 HG-4/4-Lokomotiven kamen sie auf der Zahnradbahn Krong Pha – Dalat zum Einsatz. Nach dem Ende des Vietnamkrieges waren die Maschinen an verschiedenen Orten abgestellt und die Strecke unterbrochen. Bei der DFB erinnerte man sich an die ehemaligen FO-Lokomotiven, und nachdem bereits 1985 von einem Schweizer Erdbebenforscher die ersten Fotos der abgestellten Maschinen vorgelegt wurden, reisten zwei Fachleute nach Vietnam, um die noch auffindbaren Maschinen zu inspizieren. Nach langwierigen, zähen Verhandlungen mit der vietnamesischen Regierung gelang es, mehrere Maschinen zurückzukaufen. In der spektakulären Aktion „Back to Switzerland“ holte im Sommer 1990 eine zwölfköpfige Gruppe die HG 3/4 Nr. 1, zwei HG 4/4 sowie die zerlegten HG 3/4 Nrn. 2, 8 und 9 in die Schweiz zurück. Den Auftrag zur Rekonstruktion der Loks HG 3/4 Nr. 1 und 2 erhielt das

Rechte Seite: Immer noch ist die von Brig ausgehende Kilometrierung der FO gültig. Bei km 58,1 ist HG 3/4 Nr. 1 in die zweilamellige Abtsche Zahnstange eingefahren. In diesem ersten, 700 m vom Baulager Realp entfernt beginnenden 2,6 km langen Zahnstangenabschnitt mit Steigungen bis 110‰, klettern die Züge zur Ausweichstation Tiefenbach empor.

E
58.1

FURKA-BERGSTRECKE
FURKA-BERGSTRECKE
FURKA-BERGSTRECKE

Linke Seite: Meistens ist der um 10 Uhr Realp verlassende erste Zug des Tages gut besetzt. Mächtig muß sich die Lokomotive anstrengen, um vier Wagen über die Steigung zu bringen.

Oben: Die Wilerbrücke über die Furkareuss war ursprünglich eine gemauerte Steinbrücke mit fünf Bogen. Am 10. Mai 1955, kurz bevor wieder der Betrieb über die im Winter stillgelegte Bergstrecke aufgenommen wurde, stürzte der Mittelpfeiler der Brücke ein. Der nach der Schneeschmelze Hochwasser führende Gebirgsbach hatte das Fundament unterspült. Nach fast vier Monaten konnte am 8. September 1955 der Verkehr über die neue Stahlträgerbrücke, die nur noch einen Mittelpfeiler besitzt, aufgenommen werden. Im Bild überquert ein Extrazug die Brücke, der eine fröhliche Geburtstagsgesellschaft hinauf zur Furka bringt.

deutsche Reichsbahn-Ausbesserungswerk Meiningen. Nach der Aufarbeitung 1992/93 konnten die in einem blauen Farbkleid erstrahlenden Dampflokomotiven Nr. 1 „Furkahorn“ am 19. Juli und Nr. 2 „Gletschhorn“ am 27. August 1993 offiziell den regelmäßigen Dienst an der Furka aufnehmen. Im selben Jahr wurde auch der Zweizugbetrieb auf dem Streckenabschnitt Realp – Furka aufgenommen. Nach der

DFB
DFB 6

Linke Seite: Seitdem die aus Vietnam zurückgekehrten HG-3/4-Lokomotiven im Einsatz an der Furka stehen, kommt die früher auf der Visp-Zermatt-Bahn verkehrende HG 2/3 „Weisshorn“ nur noch selten auf die Strecke. Zuvor wurde sie aber bei Ausfall oder Überlastung der leistungsschwachen Diesellokomotive auch im Bauzugdienst eingesetzt. Auf der zusammenklappbaren Steffenbachbrücke konnte die eine Ladung Schotter nach Tiefenbach schiebende „Weisshorn“ im Sommer 1991 aufgenommen werden.
Oben: In der Ausweichstation Tiefenbach stillen die Dampfrösser nach anstrengender Bergfahrt ihren Durst.

Sanierung des Scheiteltunnels und dem Bau eines Straßenübergangs kann der Abschnitt Furka–Gletsch voraussichtlich 1996 befahren werden. Die Fertigstellung der gesamten Strecke Realp–Furka–Gletsch–Oberwald wird aber wahrscheinlich nicht vor der Jahrtausendwende erfolgen.

DFB 1

Linke Seite: Mit voller Kraft klettert HG 3/4 Nr. 1 „Furkahorn" die fast 4 Kilometer lange Zahnstangenrampe zur Furka hoch.

Oben: Mit einer bunten Wagengarnitur überquert HG 3/4 Nr. 2 „Gletschhorn" den Steinstafel-Viadukt. Hinter der Lok ein in der DFB-Werkstätte Liestal gebauter Aussichtswagen, ein von der Frauenfeld-Wil-Bahn stammender 1./2.-Klasse-Wagen und der Barwagen WRs, der aus einem früher der Bern-Solothurn-Bahn gehörenden Wagen in der Werkstätte Liestal entstand.

3
FURKA-BERGSTRECKE
3
DFB C251
1
FURKA-BERGSTRECKE
2

Linke Seite: Oberhalb von Tiefenbach dampft HG 3/4 Nr. 1 „Furkahorn“ mit ihren Zweiachswägelchen der Furkareuss entlang. Trotz schönsten Hochsommerwetters fanden sich nur wenige Ausflügler, um mit dem letzten Zug des Tages die Fahrt durch die Hochgebirgslandschaft zu genießen.

Rechts: Die kräftig arbeitende Lok HG 3/4 Nr. 2 „Gletschhorn“ überquert mit ihrer Wagengarnitur auf einer 21 m langen Brücke den zu Tal stürzenden Sidelenbach. Nur noch wenige Meter sind zurückzulegen, bis das Ende des Zahnstangenabschnitts erreicht ist und der Zug in die Station Furka einfährt.

Furka
DFB 1

Linke Seite: Die Station Furka ist mit 2160 m Höhe ü. M. der höchste Punkt der Furka-Bergstrecke. Vorläufig enden hier die im Fahrplan verzeichneten Züge. Der sonntags bei schönem Wetter verkehrende Frühzug ist soeben eingelaufen und hat einige wenige Wanderer in die Stille der Bergwelt entlassen.

Oben: Lok Nr. 1 „Furkahorn" hat über das Ausweichgleis umgesetzt und an das talseitige Zugende angekuppelt. Nach dem Ausrangieren eines Güterwagens steht die Lok bereit, um mit einem einzigen Wagen die Rückfahrt anzutreten. Der vierachsige Personenwagen mit Gepäckabteil ABD Nr. 4543 ist seit Sommer 1994 in den Furka-Reisezügen im Einsatz. Er entstand auf dem Untergestell eines alten Brünig-Bahn-Wagens in den Werkstätten der DFB. Sehenswert sind die handwerklich gekonnt ausgeführten Schreinerarbeiten im Inneren des Wagens. Im Hintergrund des Bildes ist das Ostportal des Scheiteltunnels sichtbar. Voraussichtlich ab 1996 werden die Züge durch den 1,8 km langen Tunnel das Wallis erreichen.

Direkt neben dem Empfangsgebäude des SBB-Bahnhofes Capolago-Riva S. Vitale liegt die Stationsanlage der Ferrovia Monte Generoso. In den bereitgestellten Zug steigen neben Wanderern und Ausflüglern auch Anhänger des Gleitschirmsports ein, die bequem mit der Bahn ihre Ausrüstung zum Startplatz Monte Generoso bringen.

Ferrovia Monte Generoso

Die im Kanton Tessin gelegene Ferrovia Monte Generoso (MG) führt von Capolago am Luganer See auf den Monte Generoso, einen aussichtsreichen Berg an der schweizerisch-italienischen Grenze. Wechselvoll ist die Geschichte der 1890 eröffneten Bahn. Treibende Kraft, die zur Planung, Konzessionserteilung und Bau der MG führte, war der Arzt Dr. Pasta aus Mendrisio. Er hatte 1867 das Luxushotel „Bellavista“ hoch über dem Luganer See erbaut, das nur auf beschwerlichen Wegen zu erreichen war. Um seinen Gästen eine bequeme An- und Abreise zu ermöglichen, trat er für den Bau einer Bergbahn ein, die an seinem Hotel vorbei auf den Monte Generoso führt. 1886 erhielt eine Aktiengesellschaft die Konzession zum Bau und Betrieb der Bahn. Am 4. Juni 1890 konnte die in 800 mm Spurweite erstellte und mit dem Zahnradsystem Abt Steigungen bis 220 ‰ bewältigende Monte-Generoso-Bahn feierlich eröffnet werden. Doch die Touristenbahn brachte nicht den erhofften Gewinn und ging deshalb nach dem Tod des Dr. Pasta mehrfach in Liquidation. Die Bahn kam aus ihren wirtschaftlichen Schwierigkeiten nicht heraus, und 1939 mußte der Betrieb für zwei Jahre eingestellt werden. Aber wieder fand sich ein Retter in der Not. Gottlieb Duttweiler, Gründer der Migros, heute die größte Lebensmittelkette der Schweiz, kaufte die Bahn auf und wandelte sie in eine Genossenschaft um. Noch heute gehört die Ferrovia Monte Generoso zum Migros-Konzern, durch den auftretende Defizite ausgeglichen werden.
Zur Eröffnung der Bahn lieferte SLM sechs Dampflokomotiven H 2/3, die alle bis 1941 im Fahrzeugbestand waren. Als Ersatz für die 1941 ausrangierten Betriebs-Nrn. 1 und 3 konnten im selben Jahr von der Chemin de fer Glion-Rochers-de-Naye drei Dampflokomotiven übernommen werden. Sie erhielten die Nummern 7–9.
Um die Kosten zu senken, wurden 1954 zwei Diesellokomotiven in Betrieb genommen. Sie waren auf den Fahrgestellen ausrangierter Dampflokomotiven in der bahneigenen Werkstatt aufgebaut worden. Die Schweizer Industriegesellschaft (SIG) lieferte 1957 zwei Dieseltriebwagen Bhm 2/4 mit je 60 Sitzplätzen. Zwei kleinere Dieseltriebwagen Bhm 1/2 mit je 35 Sitzplätzen nahmen 1967/69 ihren Dienst auf. Der Entschluß zur Elektrifizierung (750 Volt Gleichspannung) erfolgte anfangs der achtziger Jahre. Mit vier modernen Doppeltriebwagen Bhe 4/8 konnte am 4. April 1982 der elektrische Betrieb aufgenommen werden. Die einzige bei der MG vorhandene Dampflokomotive ist die über 100jährige Betriebs-Nr. 2. Nachdem sie jahrelang ihr Schicksal auf einem Denkmalsockel gefristet hatte, wurde sie nach einer Totalrevision 1984 wieder in Betrieb genommen. Im Sommer werden seither mit ihr am letzten Sonntag des Monats mit einem alten Vorstellwagen öffentliche Fahrten auf den Monte Generoso durchgeführt.

Rechte Seite: In der Ausweichstation Bellavista begegnen sich die berg- und talwärts fahrenden Züge. Ein ehemaliger Dieseltriebwagen, dessen Motor ausgebaut wurde, dient als Verkaufsstelle für Souvenirs und Broschüren. Weniger schön ist, daß auch Mountain-Bikes verliehen werden, damit auch hier Velofahrer auf schmalen Wegen die Bergwanderer erschrecken können.

CHIOSCO · KIOSK · KIOSQUE
14

SAN GALLO
14

Linke Seite: Zur Talfahrt bereit ist Triebwagen Bhe 4/8 Nr. 14 in Bellavista. Das hübsche „BUFFET DELLA STAZIONE“ lädt zum gemütlichen Imbiß ein.

Rechts: Fast ohne Fahrgäste rollt bei trübem Wetter der Bhe 4/8 13 talwärts. Eine wenig anstrengende Wanderung führt von der Bergstation auf paralellem Weg der Strecke entlang zur Zwischenstation Bellavista.

Oben: Triebwagen 13 ist in der 1704 m hoch gelegenen Bergstation „Vetta“ angekommen.

Rechte Seite: Oberhalb von Bellavista fährt der gut besetzte Bhe 4/8 14 der Bergstation entgegen. Die vier 1982 von SLM gelieferten 29,8 m langen Doppeltriebwagen Bhe 4/8 11–14 bieten je 96 Fahrgästen Platz. Mit ihrer Höchstgeschwindigkeit von 14 km/h benötigen sie für die Berg- oder Talfahrt 40 Minuten.

Vacances
Ferien
MG
14

Zahnradbahnen der Jungfrauregion

Zu den touristischen Glanzlichtern Europas zählt ohne Zweifel die Reise mit der Eisenbahn von Interlaken zum Jungfraujoch, dem mit 3454 Meter ü. M. höchstgelegenen Bahnhof des Kontinents. Die Tour mit den Zügen der Berner-Oberland-Bahnen (BOB), Wengernalp-Bahn (WAB) und Jungfrau-Bahn (JB) in die Region des ewigen Eises und zum Dreigestirn von Eiger, Mönch und Jungfrau ist bequem an einem Tag zu bewältigen. Für den eisenbahntechnisch Interessierten empfiehlt es sich aber, einige Tage in diesem Gebiet zu verbringen. Eine Vielzahl von Bergbahnen, mit unterschiedlichen Spurweiten und Betriebssystemen, lädt zum Besuch ein.

Den Bahnknotenpunkt Interlaken-Ost erreicht man mit der normalspurigen BLS von Bern oder von Luzern über den Brünigpaß mit der einzigen SBB-Schmalspurbahn.

Den Zugang zur Jungfrau-Region erschließen die in Interlaken-Ost am Empfangsgebäude auf Gleis 1 und 2 nach Lauterbrunnen und Grindelwald abfahrenden Züge der Berner-Oberland-Bahnen (BOB). Auf Gleis 3 und 4 fahren die Züge der SBB-Brünigbahn und auf Gleis 5–8 die der BLS. Die beiden Meterspurbahnen der BOB und SBB sind durch ein Gleis miteinander verbunden, weisen jedoch unterschiedliche Stromsysteme auf. Bei der Brünigbahn stehen die Fahrdrähte unter 15000 Volt Wechselspannung 16⅔ Hz, bei der BOB unter 1500 Volt Gleichspannung. Die am 1. Juli 1890 eröffnete BOB-Strecke verläßt den Bahnhof Interlaken-Ost in einer Rechtskurve nach Süden und erreicht über die Ebene des Bödeli Wilderswil.

Die Station ist Ausgangspunkt einer seit 1893 auf die Schynige-Platte fahrenden Zahnradbahn. Die BOB-Linie bleibt im Tal und schlängelt sich entlang dem Flußlauf mit einer maximalen Steigung von 25 ‰ nach Zweilütschinen.

Neben der Station befinden sich die Depot- und Werkstattgebäude für die Wartung der BOB-Fahrzeuge. In Zweilütschinen werden die von Interlaken kommenden Züge getrennt. Ein Zugteil fährt geradeaus südlich nach Lauterbrunnen weiter, der andere verläßt die Station in einer scharfen Linkskurve in Richtung Osten nach Grindelwald.

Die Züge nach Lauterbrunnen erreichen in einem ersten Zahnstangenabschnitt die Kreuzungsstelle Sandweid. Nach einem zweiten Zahnstangenabschnitt endet nach 12,3 Kilometer Fahrt von Interlaken die BOB-Strecke in Lauterbrunnen.

Wesentlich länger als der Streckenast nach Lauterbrunnen (4,1 km) ist jener nach Grindelwald (11,1 km). Nach Zweilütschinen führt die Trasse im Tal mit mäßiger Steigung weiter zur 4 km entfernten Station Lütschental. Danach beginnt mit 1849 m der längste, und mit 120 ‰ auch steilste, Zahnstangenabschnitt der BOB-Strecke, auf dem die Bahn die Talstufe nach Burglauenen bewältigt. Weiter, der Schwarzen Lütschine entlang, führt die Strecke aufwärts nach Schwendi. Es folgt ein weiterer Zahnstangenabschnitt, der bis in den Einfahrtbereich des Endbahnhofes Grindelwald reicht.

Fahrgäste zur Kleinen Scheidegg und zum Jungfraujoch können über Lauterbrunnen oder Grindelwald ihr Ziel erreichen. Beide Male heißt es, in die Züge der 1893 eröffneten Wengernalpbahn (WAB) umsteigen. Die Spurweite dieser Bahn beträgt nur 800 mm, und es ist deshalb nicht möglich, Fahrzeuge mit der auf 1000 mm fahrenden BOB auszutauschen. Die Wengernalpbahn verbindet die beiden Talorte Lauterbrunnen und Grindelwald über die Paßhöhe der 2061 m hoch liegenden Kleinen Scheidegg, wo viele Reisende in die Züge der Jungfraubahn umsteigen. Im Gegensatz zur BOB, die im „gemischten" Betrieb auf Adhäsions- und Zahnradabschnitten fährt, ist die WAB eine reine Zahnradbahn. Die Triebfahrzeuge können sich nur mit Hilfe des Zahnradantriebes fortbewegen, und es sind deshalb auf der gesamten 19,2 km langen Strecke Zahnstangen nach System Riggenbach verlegt. Damit besitzt die WAB die längste, ununterbrochene Zahnstangenstrecke der Alpen.

Wenn in Lauterbrunnen der Triebwagenzug der BOB einfährt, warten auf den Nachbargleisen schon die Züge der WAB. Bei hohem Fahrgastaufkommen verlassen bis zu vier im Konvoi fahrende Züge die Station und überqueren kurz danach auf einer Betonbrücke die Weiße Lütschine. Schon in der Bergflanke liegt die Ausweich- und Verzweigungsstelle Witimatte. Steil führt von hier die ursprüngliche Strecke mit maximal 250 ‰ ohne Ausweichstelle durch den Bergwald nach Wengen. Diese Trasse wird heute nur noch im Sommer von Dienst- und Güterzügen befahren. Die Personenzüge fahren über die 1910 in Betrieb genommene wintersichere Strecke, die mit einer Steigung von 180 ‰ Wengen erreicht. Dem autofreien Kurort verdankt die WAB einen wesentlichen Teil ihres guten Betriebsergebnisses, denn alle Personen und Waren können den Ort nur mit der Bahn erreichen oder verlassen. Über die Ausweich- und Haltestellen Allmend und Baawald erreicht der Schienenstrang die Station Wengernalp. Von hier bis zur Kleinen Scheidegg genießen die Fahrgäste einen traumhaften Blick auf die Fels- und Eismassen von Eiger, Mönch und Jungfrau.

Von Grindelwald aus, wo die WAB-Züge ebenfalls auf die mit der BOB ankommenden Fahrgäste warten, fährt die Bahn in einem Gefälle von 180 ‰ zunächst nach Grindelwald-Grund. In der als Spitzkehre angelegten Station wechseln die Züge die Fahrtrichtung und erklimmen danach am gegenüberliegenden Berghang den bis zu 250 ‰ steilen Abschnitt hinauf nach Brandegg und Alpiglen (1612 m ü. M.). Mit etwas geringerer Steigung führt die Strecke unterhalb der berühmten Eigernordwand über die Kreuzungsstationen Strättli und Salzegg zur Kleinen Scheidegg. Hier enden aus betrieblichen Gründen die aus Lauterbrunnen und Grindelwald ankommenden Züge.

Unvollendet geblieben ist die in Abschnitten zwischen 1898 und 1912 eröffnete Jungfraubahn. Das letzte Teilstück vom Jungfraujoch zum Gipfel konnte aus verschiedenen Gründen nicht verwirklicht werden. Trotzdem ist die Jungfraubahn eine Eisenbahn der Superlative, die aus technischer und topographischer Sicht den Höhepunkt des Bergbahnbaus darstellt. Die „Talstation" Kleine Scheidegg ist der höchste Ausgangspunkt einer europäischen Bahn und die Bergstation Jungfraujoch mit 3454 m ü. M. der am höchsten gelegene Bahnhof Europas. Von der 9,35 km langen Gesamtstrecke liegen 7,12 km im Bergmassiv von Eiger, Mönch und Jungfrau.

Seit der Betriebsaufnahme fährt die meterspurige Bahn mit Drehstrom.

Durch das Stationsgebäude sind die Gleisanlagen von Wengernalp- und Jungfraubahn voneinander getrennt. Die Züge der Jungfraubahn verlassen die Station auf der Südseite in einer scharfen Rechts-

kurve. In offener Linienführung klettern sie zur ehemaligen Ausweichstation Fallboden empor. Kurz danach beginnt eine Lawinenschutzgalerie, an die sich der 80 m lange Fallboden-Tunnel anschließt. Nach zwei Kilometern Fahrt wird die Station Eigergletscher (2320 m) erreicht. Unmittelbar hinter der Station verschwinden die Züge im Felsmassiv des Eigers und fahren, ohne noch eimmal ans Tageslicht zu kommen, im 7122 m langen „Großen Tunnel“ zur Endstation Jungfraujoch. Zweimal wird die Tunnel-

Von Wilderswil zur Schynige-Platte

Oben: Von Interlaken kommend, erreicht ein Triebwagenzug der BOB Wilderswil. Viele Fahrgäste steigen hier in die auf dem Nachbargleis wartenden Züge der Schynige-Platte-Bahn (SPB) um. Die SPB befindet sich im Eigentum der BOB und wurde als eine der ersten Bergbahnen im Berner Oberland am 14. Juni 1893 eröffnet. Die 7,25 km lange Zahnradbahn – System Riggenbach – mit 800 mm Spurweite, führt vom Ausgangspunkt Wilderswil (584 m ü. M.) mit Steigungen bis 250°/₀₀ auf die Aussichtsplattform der Schynige-Platte. In rund 50 Minuten Fahrzeit wird dabei ein Höhenunterschied von 1403 Meter überwunden. Aufnahme: H. Faust

Linke Seite: Nach dem steilen Anstieg durch den Bergwald erreichen die Züge bei der Zwischenstation Breitlauenen offenes Gelände. Schön ist von dort die Aussicht auf den Thuner- und Brienzer See.

fahrt unterbrochen. Erster Halt ist in der Station Eigerwand (2864 m ü. M.). Die Fahrgäste können aussteigen und mit wenigen Schritten eine Aussichtshalle erreichen. Von dort bietet sich durch die Glasscheiben ein schaurig schöner Blick aus der Eigernordwand auf das 1800 m tiefer liegende Grindelwald und das umliegende prächtige Bergpanorama. Die zweite Unterbrechung der Tunnelfahrt ist in der Station Eismeer (3158 m ü. M.). Durch die Fenster der Station geht der Blick nach Südosten auf die zerfurchten Eismassen von Fiescher- und Grindelwaldgletscher.
Von der im Berg liegenden Endstation Jungfraujoch führen Gänge zu der am Fels klebenden Restaurant- und Hotelanlage. Grandios ist der Ausblick von der Besucherterrasse: Der größte Eisstrom der Alpen, der 22 km lange Aletschgletscher mit den Walliser Alpen im Hintergrund. Weitere Sehenswürdigkeiten sind der Eispalast im Gletscher und das auf einem Felsen über dem Jungfraujoch thronende Observatorium, dessen Aussichtsplattform mit einem Lift zu erreichen ist. Von dort schweift der Blick nach Süden auf den Aletschgletscher und nach Norden bis zum Schwarzwald und den Vogesen.

Rechts: Die Alp Bigelti liegt am oberen Ausgang des 162 m langen Grätlitunnels, bei den Einheimischen Ah- und Oh-Tunnel genannt, da nach dessen Durchfahrt die begeisterten Fahrgäste zum ersten Mal das imposante Panorama von Eiger, Mönch und Jungfrau erblicken.

SCHYNIGE PLATTE-BAHN
B 11
SCHYNIGE PLATTE-BAHN
B 14

Linke Seite: Eine in den ehemaligen TEE-Farben weinrot/crème lackierte Zugeinheit überquert einen gemauerten Wasserdurchlaß. Fahrdrahtunabhängige Bremsen erlauben es, daß talwärts rollende Züge den Pantographen absenken können.

Rechts: Oberhalb der Alp Bigelti fährt Lok 15 mit zwei offenen Wagen talwärts. Bereits 1914 lösten die vier noch heute verkehrenden elektrischen Lokomotiven He 2/2 11–14 die Dampflokomotiven ab. Erhalten ist von den ursprünglich sechs Dampflokomotiven noch die H 2/3 Nr. 5, die bei Sonder- und Dienstfahrten zum Einsatz kommt. Bei der im Bild sichtbaren Lok He 2/2 Nr. 15 handelt es sich um eine der sechs zwischen 1963 und 1970 von der Wengernalpbahn übernommenen Maschinen.

Links: Vor der imposanten Gipfelgruppe von Eiger, Mönch und Jungfrau fahren die Züge auf einer hohen Stützmauer und erreichen kurz danach die Bergstation. Aufnahme: H. Faust

Rechte Seite: Zwei Zugkompositionen warten in der 1987 m hoch gelegenen Bergstation Schynige-Platte auf Fahrgäste. Bemerkenswert, daß die braunen, offenen Wagen nicht mit SPB bezeichnet sind, sondern die Aufschrift BOB tragen. Auf den zwei Gleisen können bis zu sechs Züge abgestellt werden. Die Aussicht von der Schynige-Platte gehört zu den schönsten, die das Berner Oberland zu bieten hat. Wetterhorn, Schreckhorn, Finsteraarhorn, Eiger, Mönch, Jungfrau, Breithorn, Tschingelhorn und viele andere Gipfel sind bei schönem Wetter von dieser Sonnenterrasse aus zu erblicken. Gleich hinter der Bergstation liegt der Eingang zum Alpengarten, der den Besuchern über 500 Pflanzenarten zeigt. Wanderern bieten sich verschiedene Ziele an, für Eisenbahnfreunde empfiehlt sich der anderthalbstündige Fußmarsch entlang der Strecke zur Zwischenstation Breitlauenen.

Schynige Platte

Zahnstangenrampen der Berner-Oberland-Bahnen

Linke Seite: Der seit 1965 in Betrieb stehende Triebwagen ABDeh 4/4 304 ist den Zahnstangenabschnitt von Lütschental nach Burglauenen hochgeklettert und wird gleich die Station erreichen.

Rechts: Mit einem Zug Richtung Interlaken fährt vor der Kulisse des Schreckhorns Triebwagen 308 unterhalb von Grindelwald talwärts. Die Riggenbachsche Leiterzahnstange beginnt an der Bahnhofsausfahrt und endet kurz vor Schwendi.

312

Linke Seite: Der moderne, 1987 in Betrieb genommene Triebwagen 312 durchfährt mit einem Zug nach Lauterbrunnen die ferngesteuerte Ausweichstelle Sandweid, bei der talseitig eine Zahnstangenweiche, auf der Bergseite eine normale Weiche eingebaut ist. Dazwischen endet die Zahnstangenstrecke.

Wengernalpbahn – längste Zahnradbahn der Alpen

Rechts: Im gemeinsam von BOB und Wengernalpbahn benützten Bahnhof Lauterbrunnen schützt eine lichtdurchflutete Stahlkonstruktion die Fahrgäste vor den Unbilden der Witterung. Rechts, auf dem Gleis der WAB, stehen zwei Doppeltriebwagen bereit, um die Bergfahrt zur Kleinen Scheidegg anzutreten, links wartet der BOB-Zug nach Interlaken auf die Abfahrt.

Linke Seite: Zur Versorgung von Wengen und der Kleinen Scheidegg fahren täglich mehrere Güterzüge. Dazu werden häufig die zwischen 1908 und 1929 in Betrieb genommenen elektrischen Lokomotiven He 2/2 herangezogen. Sie machten nach der 1910/11 mit 1500 V Gleichspannung erfolgten Elektrifizierung die Dampflokomotiven arbeitslos. Von den ursprünglich 16 Dampflokomotiven existiert heute nur noch die frühere Nr. 1, die 1912 an die Brienz-Rothorn-Bahn verkauft wurde.
An der Verzweigungsstelle Wittimatte ist mit einem Güterzug die 1926 von SLM/BBC gelieferte Lok He 2/2 64 in die neue, 1910 in Betrieb genommene Strecke nach Wengen eingefahren. Im Vordergrund die alte, nur im Sommer von Dienst- und Güterzügen benutzte direkte Strecke.
Oben: Personen und Waren erreichen den autofreien Ferienort Wengen nur auf der Schiene. Von der Betriebsamkeit, die während der Urlaubssaison hier herrscht, ist im Bild wenig zu erkennen.

10
6
12
Jungfraujoch
C
B

Linke Seite: Zwischen 1947 und 1964 lieferten SLM/BBC in mehreren Bauserien 18 Triebwagen BDhe 4/4 mit zugehörigen Steuerwagen. Sechs weitere, leicht modifizierte folgten 1970. Das Bild mit den drei in der Station Kleine Scheidegg wartenden BDhe 4/4 zeigt neben zwei älteren, einen der 1970 gelieferten Triebwagen, der äußerlich an den großen Fenstern zu erkennen ist.

Rechts: Die neueste Fahrzeuggeneration der Wengernalpbahn repäsentieren die 1987/88 in Betrieb genommenen vier Doppeltriebwagen BDhe 4/8 Nr. 131–134.
Je zwei dieser Triebwagen fahren in Doppeltraktion auf der Seite Lauterbrunnen und Grindelwald. Im Bild fährt eine Doppeleinheit unterhalb der Kleinen Scheidegg nach Wengen. In der Mitte des linken Bildrandes strebt ein Zug der Jungfraubahn der Station Eigergletscher entgegen.

Links: Blick aus Richtung Westen auf die Bahnhofsanlagen der Kleinen Scheidegg mit dem Wetterhorn im Hintergrund. Links vom Stationsgebäude die Gleise der Wengernalpbahn, rechts davon die der Jungfraubahn. Es ist Mittagszeit, und zahlreiche Züge der WAB haben über tausend Touristen gebracht. Die meisten von ihnen werden mit der Jungfraubahn weiterfahren. Aufnahme: H. Faust

Rechte Seite: Nachdem die vielen Touristen ins Tal zurückgefahren sind, kehrt am Abend Stille auf die Kleine Scheidegg zurück. Zwei Züge stehen bereit, um mit einigen verspäteten Ausflüglern die Station zu verlassen. Der ältere BDhe 4/4 mit Ziel Grindelwald, die moderne Doppeleinheit BDhe 4/8 mit Ziel Lauterbrunnen. Unterhalb der im milden Abendlicht leuchtenden Eigernordwand hat ein Triebwagen der Jungfraubahn mit einem Wasserwagen die Fahrt zur Bergstation angetreten.

Kleine Scheidegg
Jungfraujoch
WAB

Oben: Der erste Zug des Tages bringt zahlreiche Skifahrer zur Kleinen Scheidegg. Ein Vorstellwagen dient dem Transport ihrer Wintersportausrüstung.

Rechte Seite: Im Schatten der berüchtigten Eigernordwand, in der schon viele Bergsteiger den Tod fanden, liegt die Strecke zwischen Kleiner Scheidegg und Alpiglen. Mehrere Galerien schützen die Züge auf diesem Abschnitt vor Lawinen und Steinschlag.

Links: Ein Leerzug zur Kleinen Scheidegg durchfährt Alpiglen. Die Station ist häufig Ausgangspunkt für die Besteigung des Eigers durch die Nordwand.

Rechte Seite: In Grindelwald-Grund warten vor dem Depot zwei BDhe-4/4-Triebwagen auf ihren nächsten Einsatz. Im Bild rechts ein Zug aus Richtung Kleiner Scheidegg, der nach Änderung der Fahrtrichtung die Station mit Ziel Grindelwald verläßt. Die erhöht liegenden Zahnstangen, System Riggenbach-Pauli, ermöglichen eine verhältnismäßig einfache Weichenkonstruktion, bei der im Weichenbereich eine Lamellenzahnstange die Leiterbauart ersetzt.

55
53
57

Links: Vor dem im Hintergrund aufragenden Wetterhorn fährt langsam eine BDhe-4/8-Doppeleinheit von Grindelwald nach Grund hinunter.

Rechte Seite: Für Fahrgäste in Richtung Interlaken besteht in Grindelwald Anschluß an die Züge der BOB. Um den Verkehr der Wengernalpbahn abzuwickeln, genügen hier zwei Bahnsteiggleise und ein Ladegleis zum Güterschuppen.

Grindelwald
BOB
51

Jungfraubahn – Reise in die Gletscherwelt

Oben: In der Station Kleine Scheidegg steigen die aus aller Welt angereisten Touristen in die Meterspurzüge der Jungfraubahn um. Für viele Japaner und Amerikaner ist die Fahrt zum Jungfraujoch, im wahrsten Sinn des Wortes, der Höhepunkt ihrer Europareise. Die Bahnen, Restaurants und Hotels der Jungfrauregion haben sich auf die Gäste aus dem Fernen Osten eingestellt. Hinweise und Speisekarten sind häufig auch in japanisch.

Rechte Seite: Was für ein beeindruckendes Panorama, vor dem zwei der neuen Doppeltriebwagen BDhe 4/8 die Station Kleine Scheidegg verlassen. Links die Spitze des 4105 m hohen Mönchs, in der Mitte das Jungfraujoch, auf dem das Gebäude des Observatoriums zu erkennen ist, rechts die Jungfrau, mit 4158 m ü. M. höchster Berg der Region.

Linke Seite: Gesteuert aus dem Führerstand eines Kesselwagens, sind in Doppeltraktion fahrende Triebwagen BDhe 4/8 zum Jungfraujoch unterwegs. Die ab 1992 von SLM/BBC gelieferten vier Doppeltriebwagen BDhe 4/8 Nr. 211–214 sind die neuesten Fahrzeuge der Jungfraubahn. Diese modernen Triebzüge bieten 116 Fahrgästen Platz und können dank Vielfachsteuerung als mehrteilige Zugeinheiten verkehren. In der Bildmitte die Kleine Scheidegg mit Empfangsgebäude und Depotanlagen von WAB und JB.

Folgende Doppelseite: Nach der ehemaligen Ausweichstelle Fallboden schiebt die seit 1912 im Betriebseinsatz stehende Lokomotive He 2/2 Nr. 8 zwei Holzwagen in der Maximalsteigung von 250°/oo. An der Lokomotive ist der Eingriff der beiden Zahnräder in die Zahnstange zu erkennen.

Rechts: Winzig wirken die zwei BDhe-2/4-Triebwageneinheiten vor der imposanten Kulisse von Eigergletscher und Mönch. Einer der beiden Züge durchfährt gerade die seitlich offene Lawinengalerie beim Fallboden.

JUNGFRAUBAHN
24

JUNGFRAUBAHN
23
41 PL
JB
8

Links: Der letzte bei der Jungfraubahn vorhandene Rowan-Zug fährt mit Lok Nr. 6 oberhalb des Fallboden-Tunnels der Station Eigergletscher entgegen. Bei dieser Bauart ruht das bergseitige Ende des ersten Vorstellwagens auf einem Drehgestell, das talseitige Ende stützt sich über verlängerte Rahmenträger auf der Lokomotive ab, deren Achslast damit wesentlich erhöht wird. Dadurch verbessert sich die Sicherheit gegen Aufsteigen des Zahnrades. Die ersten zwei dieser von SLM/SWS gelieferten Züge nahmen 1898 ihren Betrieb auf. Weitere fünf Einheiten, die sich nur unwesentlich von den beiden ersten unterschieden, wurden bis 1908 in Dienst gestellt. Lok 1, mit den Vorstellwagen 1 und 2, ist heute im Verkehrshaus der Schweiz in Luzern ausgestellt. Drei He-2/2-Lokomotiven (Nr. 8–10) für gemischten Adhäsions- und Zahnradantrieb konnten 1912 in Betrieb genommen werden. Sie verkehrten auf dem Abschnitt Eismeer–Jungfraujoch, der bis auf einen kurzen Zahnstangenabschnitt vor der Bergstation, zwischen 1912 und 1951 im Reibungsbetrieb befahren wurde. Zwei weitere He-2/2-Lokomotiven folgten 1914 (Nr. 11) und 1929 (Nr. 12). Bei den Lieferungen ab Betriebs-Nr. 8 hatte man die Rowan-Bauart aufgegeben, um Lokomotiven und Wagen freizügig einsetzen zu können.

Rechte Seite: Begegnung eines lokbespannten Zuges und einer BDhe-2/4-Triebwageneinheit in der Station Eigergletscher. Rechts ein Fahrzeugdepot, das auch als Werkstatt dient. Die doppelpolige Fahrleitung zeigt dem Kenner an, daß bei der Jungfraubahn mit Drehstrom (1125 V/50 Hz) gefahren wird. Deutlich ist im Weichenbereich das Profil der Zahnstange System Strub zu erkennen.

34
19

Ein mit Lok He 2/2 bespannter Arbeitszug muß in Eigergletscher warten, bis mehrere auf Sicht hintereinander fahrende BDhe-2/4-Triebwagen die Station passiert haben. Von 1898 bis 1954 verkehrten auf der Jungfraubahn nur die von He-2/2-Lokomotiven geschobenen Züge. Anfangs der fünfziger Jahre stiegen die Fahrgastzahlen stark an, und es mußten deshalb neue Fahrzeuge beschafft werden. Die beiden ersten BDhe-2/4-Triebwagen lieferte SLM 1954, denen insgesamt weitere acht Einheiten in den Jahren 1958 und 1963 folgten. Die mit Steuerwagen fahrenden Triebwagen übernahmen den planmäßigen Verkehr, so daß die langsameren Lokgarnituren nur noch während der Hochsaison in Reservediensten zum Einsatz kamen. Seit Inbetriebnahme der neuen BDhe-4/8-Triebwagen, sind die He-2/2-Lokomotiven nur noch selten auf der Strecke zu beobachten.

Wenige Meter nach der Station tauchen die Züge in das Felsmassiv des Eigers ein und fahren im 7122 m langen „Großen Tunnel“ zur Bergstation Jungfraujoch.

Rechte Seite: Von der Station Jungfraujoch aus erreicht man über den Sphinxstollen einen Lift, der 111 Meter nach oben zum Observatorium und den Sphinxterrassen führt. Von dort bietet sich dem Besucher eine atemberaubende Rundsicht auf Berge und Gletscher. Im Bild der Blick nach Norden auf die Kleine Scheidegg mit ihren Bahnanlagen und dem dahinter aufragenden Lauberhorn (2472 m ü. M.) und Tschuggen (2523 m ü. M.). Im Hintergrund, getrennt durch das Tal der Schwarzen Lütschine, die Schynige-Platte.

Mit Dampf auf das Brienzer Rothorn

Seit über 100 Jahren fährt vom Ufer des Brienzersees die Brienz-Rothorn-Bahn (BRB) mit Dampflokomotiven auf das Rothorn in 2244 m Höhe. Die 7,6 km lange Strecke in 800 mm Spurweite hat ihren Ausgangspunkt gegenüber dem SBB-Bahnhof in Brienz und überwindet mit Hilfe des Zahnradsystems Abt Steigungen bis 250 ‰ und eine Höhendifferenz von 1678 m. Die bewegte Geschichte der BRB beginnt in den achtziger Jahren des 19. Jahrhunderts. Nachdem Niklaus Riggenbach 1871 mit seiner ersten Zahnradbahn am Rigi bewiesen hatte, daß Bergbahnen erfolgreich betrieben werden können, brach in der Schweiz das Bergbahnfieber aus, und auch am Brienzersee wurde eine Bahn auf das Rothorn projektiert. Wesentliche Ideen und Vorschläge kamen dabei von dem Ingenieur Alexander Lindner, der beim Bau der Gotthardbahn mitgewirkt hatte und in Luzern lebte. In einer von ihm verfaßten Denkschrift beschrieb er die Streckenführung und die Schönheit des Berges. Zusammen mit einigen Brienzer Bürgern reichte Alexander Lindner 1889 ein Konzessionsgesuch für eine Eisenbahn auf das Rothorn ein. Im August 1890 konnte mit den Bauarbeiten begonnen werden. Zeitweise bis zu 640 Mann, hauptsächlich Italiener, wurden für den Bahnbau eingesetzt. Beim Bau waren sechs Tunnels zu bohren, darunter der 290 m lange, durch zwei Fenster unterbrochene Planalpfluhtunnel. Im Sommer 1891 lieferte die SLM zwei erste Dampflokomotiven H 2/3, die vor Materialzügen eingesetzt wurden. Mit einem solchen Zug konnte bereits nach einer Bauzeit von 14 Monaten, zum ersten Mal am 31. Oktober 1891, der Gipfel erreicht werden. Zwei weitere gleiche Lokomotiven lieferte SLM bis zur Betriebsaufnahme. Die offizielle Eröffnung der Brienz-Rothorn-Bahn fand am 17. Juni 1892 statt. Leider entwickelte sich das Fahrgastaufkommen

Linke Seite: Gegenüber dem SBB-Bahnhof in Brienz beginnt die Brienz-Rothorn-Bahn, deren Stationsgebäude noch das ursprüngliche Erscheinungsbild der Gründerzeit zeigt. Ein zur Abfahrt bereiter Dieselzug bringt auf einem Kleingüterwagen leere Milchkannen zur Planalp zurück.

Rechts: Keinen Halt hatte der bergwärts fahrende Dampfzug in der Ausweichstelle Geldried (km 2,2), in der nur bei Hochbetrieb Zugkreuzungen stattfinden. Foto: H. Faust

nicht so, wie es sich die Betreiber vorgestellt hatten. Auch wurde von manchen Aktionären das gezeichnete Aktienkapital nicht einbezahlt. Statt der erhofften mindestens zwölftausend Passagiere jährlich, fuhren in den Jahren 1893–99 nur zwischen drei- und siebentausend Personen im Jahr mit der BRB auf das Rothorn. Zwar stieg die Anzahl der Fahrgäste nach 1900 erheblich an, 1907 und 1911 auf über fünfzehntausend, aber der Beginn des Ersten Weltkrieges brachte einen starken Rückgang des Ausflugsverkehrs, und der Betrieb wurde deshalb am 9. August 1914 eingestellt. Die Presse berichtete sogar vom Abbruch der Strecke. Glücklicherweise stimmte diese Meldung nicht. Die BRB fiel jedoch in einen 16 Jahre dauernden Dornröschenschlaf, den die Lokomotiven und Wagen im Depot in Brienz verbrachten. Erst nachdem der Tourismus Ende der zwanziger Jahre wieder erheblich zugenommen hatte, machte man sich Gedanken um die Wiedereröffnung der Brienz-Rothorn-Bahn. Eine neue Gesellschaft wurde gegründet, und nach gründlicher Revision von Lokomotiven und Wagen konnte im Sommer 1931 der Betrieb wieder aufgenommen werden. Die zu neuem Leben erwachte alte BRB war plötzlich zur Touristenattraktion geworden, die gegenüber den Vorkriegsjahren einen starken Zuwachs an Fahrgästen verzeichnen konnte.

Die fünf vorhandenen Dampfrösser – zu den vier Lokomotiven der Anfangszeit war 1912 als Gelegenheitskauf von der WAB eine gleichartige Maschine dazugekommen – reichten bald nicht mehr aus, um den wachsenden Verkehr bewältigen zu können. Es wurden deshalb zwei kräftige Heißdampflokomotiven von der SLM beschafft (1933/36), die in der Lage waren, zwei Vorstellwagen mit 80 Sitzplätzen auf das Rothorn zu befördern. Im Zweiten Weltkrieg gingen die Fahrgastzahlen etwas zurück, erreichten aber 1945 fast wieder den Vorkriegsstand. Trotz weiterhin steigender Fahrgastzahlen wurde von der Generalversammlung der BRB am 21. Juni 1958 die Stillegung der Bahn beschlossen. Statt dessen sollte eine Luftseilbahn gebaut werden. Was war der Vorwand? Die alten Dampflokomotiven von 1891 zeigten trotz sorgfältiger Pflege bei der starken Beanspruchung erhebliche Verschleißerscheinungen. Es war abzusehen, daß die Maschinen in naher Zukunft nicht mehr den Anforderungen genügen würden. Bald formierte sich Widerstand gegen den Abbruch der Strecke. Freunde der Bahn entwickelten verschiedene Konzepte zu ihrer Rettung. Die erwogene Elektrifizierung war zu teuer. Außerdem sollte der

Linke Seite: Nach 3,6 km Fahrt wird die Station Planalp auf 1340 m Höhe erreicht. Hier ergänzen die Dampflokomotiven ihren Wasservorrat und kreuzen die bergwärts fahrenden Züge die talwärts verkehrenden.

Charakter einer Dampfbahn erhalten werden. Als erste Maßnahme konnte 1962 von der Monte-Generoso-Bahn die gut erhaltene Dampflokomotive Nr. 7 erworben werden. Sie ersetzte bei der BRB die 1961 abgebrochene Nr. 1. Aber erst mit dem Einsatz von Diesellokomotiven kam es zu einer wirklichen Entlastung der alten Dampflokomotiven. Eine erste Diesellokomotive mit hydrostatischem Antrieb entstand 1973 in Zusammenarbeit mit der Monte-Generoso-Bahn im Eigenbau. Auf der Basis dieser Maschine baute die Maschinenfabrik Steck in Bowil 1975 zwei Diesellokomotiven. Eine weitere folgte

Oben: Unbeeindruckt lassen die auf der Kühbodenalp weidenden Kühe die fauchenden und zischenden Dampfrösser an sich vorbeirumpeln. Häufig kommt die 1933 gebaute Heißdampflokomotive H 2/3 Nr. 6 zum Einsatz, da sie zwei Wagen aufs Rothorn schieben kann. Die Leistung der älteren Maschinen reicht nur für einen Wagen. Foto: H. Faust

1987. Großes Aufsehen erweckte bei der Hundertjahrfeier 1992 die neu in Dienst gestellte ölgefeuerte Dampflokomotive Nr. 12. Nach fast 40 Jahren Pause im Dampflokomotivenbau wurde sie, zusammen mit zwei weiteren Maschinen für die Chemins de fer des Rochers-de-Naye und die ÖBB, bei SLM nach neuesten Erkenntnissen konstruiert und gebaut. Zwei weitere neue Lokomotiven sind im Bau, so daß auch in Zukunft der Dampfbetrieb am Rothorn gesichert ist.

Linke Seite: Die Nase steckt einer der alten zweiachsigen Vorstellwagen aus dem 92 m langen Kühmaadtunnel. Da der Lokführer der schiebenden Maschine keine freie Sicht hat, muß der Zugbegleiter während der Bergfahrt von der vordersten Plattform aus die Strecke überwachen. Die grüne Scheibe mit dem Schrägstrich signalisiert einen nachfolgenden Zug.

Oben: Kräftig wird der Dampflokomotive eingeheizt, damit die tuckernde Dieselkonkurrenz nicht näher kommt. Rund 300 kg Kohle werden bei einer Rothorn-Tour in der alten Dampflokomotive verheizt.

Oben: In der Ausweichstelle Oberstafel (km 5,74; 1823 m ü. M.) wartet ein Dieselzug, bis der talwärts rollende Dampfzug vorbeigefahren ist, um danach seine Reise zum Rothorn fortzusetzen.

Rechte Seite: Vor der Kulisse des Dirrengrindes, der an einen Drachenrücken erinnert, gewinnen nach Oberstafel die Züge in einer weiten Schleife an Höhe. Tief unten ist im Dunst der Brienzersee zu erkennen.

BRB
BRIENZ ROTHORN BAHN

BRIENZ ROTHORN BAHN
BRB

Linke Seite: In der 250-‰-Steigung unterhalb der Schoneggalerie klettert Lok H 2/3 Nr. 2 mit ihrem Wagen der Bergstation entgegen.

Oben: Von der Bergstation Rothorn-Kulm bietet sich an klaren Tagen eine unvergeßliche Sicht auf den Brienzersee und die majestätischen Gipfel des Berner Oberlandes. Der nur schwach besetzte erste Zug am Morgen bringt auch Versorgungsgüter für das Hotel-Restaurant Rothorn mit.

In Alpnachstad liegt gegenüber dem Bahnhof der schmalspurigen SBB-Brünigbahn die Talstation der Pilatusbahn. Noch ist am frühen Morgen nichts von den vielen Touristen aus aller Welt zu sehen, die an schönen Sommertagen von hier aus auf den Pilatus fahren.

Pilatusbahn – steilste Zahnradbahn der Welt

Der 2132 m hohe Pilatus steigt südlich von Luzern über den Vierwaldstätter See empor und wird seit 1889 durch eine Zahnradbahn erschlossen. Die 4,6 km lange Pilatusbahn (PB) ist mit 480 ‰ Steigung die steilste Zahnradbahn der Welt und führt von Alpnachstad (440 m ü. M.) am Vierwaldstätter See über die Ausweichstation Aemsigen, über die Mattalp und die Steilwand des Esels zur Bergstation Pilatus-Kulm (2063 m ü. M.). Der mächtige Gebirgsstock gehört neben dem Rigi und Stanserhorn zu den am meisten besuchten Bergen der Zentralschweiz. Matthäus Merian, Topograph und Kupferstecher, schreibt 1642 über den Pilatus: *„Von Felsen und Schroffen ganz ruch, hat viel Bruch und Schrunden, dannenher er fractus mons* (gebrochener Berg) *genennet wird*". Die heutige Bezeichnung Pilatus wurde 1433 erstmals für das ganze Massiv gebraucht, ist aber erst seit dem 18. Jahrhundert allgemein gebräuchlich. Der Luzerner Pfyffer von Wyher fertigte um 1750 ein Modell des Pilatus an und verfaßte eine Anleitung zur Besteigung des sagenumwobenen Berges, um den sich seit dem Mittelalter Legenden und Spukgeschichten rankten. Prominente Reisende wie Richard Wagner, Leo Tolstoi und die Königin Victoria von England, die zwischen 1852 und 1868 auf dem Pilatus weilten, führten dazu, daß in der Folge viele Menschen den Luzerner Hausberg bestiegen. Das Hotel „Bellevue" auf Pilatus-Kulm und das 200 m tiefer gelegene „Klimsenhorn" wurden nahezu zeitgleich 1860 eröffnet.

Der Erfolg der ersten Bergbahn Europas, die seit 1871 auf den Rigi dampfte, führte dazu, daß Überlegungen angestellt wurden, auch auf den Pilatus eine Bahn zu bauen. Ein erstes Konzessionsgesuch wurde 1873 von der Kreditanstalt Luzern eingereicht. Es sah eine Zahnradbahn nach System Riggenbach in Normalspur vor und hätte von Alpnach aus in weitem Bogen über Lütoldsmatt, Fräkmünt und die Kilchsteine zum Hotel Bellevue geführt. Wegen zu hoher Baukosten kam das Projekt nicht zur Ausführung. Erst 1885 wurde von den Herren Locher und Guyer-Freuler ein neues Projekt vorgelegt, das aus heutiger Sicht einem Roman von Jules Vernes hätte entsprungen sein können. Der Plan sah eine Einschienenbahn auf Stahlbalken vor, die von Alpnachstad über Ämsigen und die Mattalp zum Pilatus-Kulm führen sollte. Auch dieses seiner Zeit weit vorauseilende Projekt konnte nicht verwirklicht werden, da es den Behörden zu unsicher erschien. Eduard Locher entwarf daraufhin eine Bahn, die zwar nicht so revolutionär wie die Einschienenbahn war und eher den konventionellen Vorstellungen von einer Eisenbahn entsprach, aber trotzdem viele neue ungewöhnliche Ideen enthielt. Auf der Trasse, die schon die Einschienenbahn hätte nehmen sollen, plante er eine Zahnradbahn in 80 cm Spurweite. Um die bis 480 ‰ betragenden Steigungen zu überwinden, kamen die bis dahin bekannten Zahnradsysteme nicht in Betracht, da bei ihnen die Gefahr des Aufkletterns des Zahnrades auf der Zahnstange bestand. Locher löste das Problem durch ein System, bei dem die waagerecht liegenden Zahnräder der Fahrzeuge beidseitig rechts und links in die in der Gleismitte liegende Zahnstange eingreifen. Führungsscheiben unterhalb der Zahnräder verhindern das Aufsteigen und Entgleisen der Fahrzeuge. Auch für die Triebfahrzeuge wählte Locher die für Zahnrad-Bergbahnen ungewöhnliche Konstruktion eines der Streckenneigung angepaßten Dampftriebwagens mit einzelnen, treppenartig hintereinander versetzten Abteilen mit Platz für 32 Fahrgäste. Der Dampfkessel lag dabei quer zur Fahrtrichtung. Die unter dem Kessel liegende Zweizylindermaschine übertrug ihre Kraft über Vorgelege, Stirn- und Kegelräder auf die Triebzahnräder.

Dieses Projekt fand die Zustimmung aller Beteiligten, und nachdem Locher und Guyer-Freuler bereits 1885 die Konzession für den Bahnbau erhalten hatten, fand am 29. März 1886 in Luzern die Gründungsversammlung der Pilatusbahn-Gesellschaft statt. Noch im selben Jahr wurde unter der Leitung von Eduard Locher mit dem Bahnbau begonnen. Im unwegsamen Gelände waren dabei große Probleme zu lösen; z. B. mußten an der Eselswand die Arbeiter an Seilen herabgelassen werden, um die Trasse aus dem Fels zu schlagen. Trotzdem war die gesamte Strecke bis Pilatus-Kulm bereits nach 400 Arbeitstagen fertig, und ein erster Zug beförderte am 17. August 1888 den Verwaltungsrat der Pilatusbahn-Gesellschaft zu einer Sitzung ins Hotel Bellevue. Die offizielle Betriebseröffnung fand im folgenden Jahr am 4. Juni statt.

Bereits 1886/87 lieferte SLM/SIG drei Dampftriebwagen Bhd 1/2, die beim Bahnbau eingesetzt wurden. Fünf weitere Bhd 1/2 folgten 1888, so daß zur Betriebseröffnung acht Dampftriebwagen zur Verfügung standen. Der Erfolg der Bahn übertraf alle Erwartungen. Trotz des für damalige Verhältnisse extrem hohen Fahrpreises von 16 Franken für eine Berg- und Talfahrt, reisten schon 1895 über 40000 Passagiere auf den Pilatus. Um die stetig steigende Anzahl von Fahrgästen befördern zu können, wurden in den Jahren 1889/1900 und 1909 je ein weiterer Dampftriebwagen beschafft.

Eine erste Studie befaßte sich bereits 1905 mit der Elektrifizierung der Bahn. Wegen zu hoher Kosten konnte sich die Gesellschaft jedoch nicht dazu entschließen. Dreißig Jahre später waren die stark beanspruchten Dampftriebwagen ziemlich abgenützt, und der Fahrzeugpark mußte erneuert werden. Man beschloß, zukünftig elektrisch zu fahren. Die Strecke wurde elektrifiziert (1550 V Gleichspannung), und mit Beginn der Fahrsaison 1937 am 15. Mai übernahmen acht von SLM/MFO gebaute Triebwagen Bhe 1/2 Nr. 21–28 den Dienst auf der Pilatusbahn. Als fahrdrahtunabhängige Reserve und für Notfälle blieben die beiden Dampftriebwagen Nr. 9 und Nr. 10 zunächst weiterhin im Fahrzeugpark. Heute ist die Nr. 9 im Verkehrshaus in Luzern und die

Wenig Platz ist in Alpnachstad für die am steilen Berghang liegenden Bahnanlagen. Da Weichen im herkömmlichen Sinne beim Zahnradsystem Locher nicht möglich sind, mußten für die Gleisverbindungen andere Lösungen gesucht werden.
In der Talstation wird dafür eine Schiebebühne verwendet, auf der die Triebwagen von einem zum anderen Gleis transportiert werden.

Links: Oberhalb Alpnachstad rollen mit gesenkten Stromabnehmern zwei Triebwagen talwärts. Bis zu fünf Triebwagen fahren bei starkem Fahrgastandrang auf Sicht hintereinander. Bei der Pilatusbahn besteht das Bahnbett auf der gesamten Strecke aus gemauerten Granitsteinen, in denen die Schienen mit schmiedeeisernen Klammern fest verankert sind. Im Bild ist dies deutlich zu erkennen.

Nr. 10 im Deutschen Museum in München ausgestellt. Alle anderen wurden ausrangiert und verschrottet. In einer Doppelfunktion kann der 1954 beschaffte Gütertriebwagen Ohe 1/2 Nr. 31 eingesetzt werden. Bei hohem Fahrgastaufkommen kann er durch einen aufsetzbaren Wagenkasten in einen Personentriebwagen verwandelt werden. Als letztes Fahrzeug für den Personenverkehr wurde 1967 Triebwagen Bhe 1/2 Nr. 30 beschafft. Er unterscheidet sich von den 1937 gelieferten nur geringfügig, die mit ihrem Alter von fast 60 Jahren immer noch modern und aktuell wirken.

Rechte Seite: Auf halber Streckenlänge befindet sich bei km 2,348 die Kreuzungsstelle Ämsigen. An der einzigen Ausweichstelle der Pilatusbahn finden nur Betriebshalte statt, und es ist nicht möglich, ein- oder auszusteigen. Der Gleiswechsel erfolgt hier mit Schiebeweichen und nicht wie in der Talstation mit Schiebebühnen. Im Bild verläßt der bergwärts fahrende Triebwagen 21 gerade die Schiebeweiche. Nach dem Umstellen kann der wartende Triebwagen 23 die Talfahrt fortsetzen.

PILATUS
23
PILATUS
21

Links: Bei Ämsigen ist der nur schwach besetzte Bhe 1/2 Nr. 26 unterwegs. Die kurzen Triebwagen der Pilatusbahn ähneln mit ihren höhenversetzten Abteilen Seilbahnwagen.

Rechte Seite: Nachdem der Wald sich lichtet und die Baumgrenze erreicht wird, kommt das Felsmassiv des Pilatus ins Blickfeld der Fahrgäste. Das Massiv wird durch die vier Bergspitzen Esel, Oberhaupt, Tomlishorn und Matthorn bestimmt. Einen Pilatus-Gipfel gibt es nicht.

Linke Seite: Ein bergwärts fahrender Triebwagenkonvoi überquert die Mattalp, um danach die steile Felswand des Esels zu durchfahren.

Oben: Nichts für ängstliche Gemüter ist die spektakuläre Fahrt durch die Steilwand des Esels zur Bergstation Pilatus-Kulm.

Die Rigi-Bahnen Vitznau-Rigi und Arth-Rigi

Zwei Zahnradbahnen führen auf den Rigi, den wie eine Insel zwischen Vierwaldstätter und Zuger See emporsteigenden 1797 m hohen Gebirgsstock. Die 1871 als erste Bergbahn Europas eröffnete Vitznau-Rigi-Bahn (VRB) erreicht vom Ufer des Vierwaldstätter Sees aus die 1752 m hoch gelegene Gipfelstation. Vom Eisenbahnknotenpunkt Arth-Goldau aus fährt die 1875 in Betrieb genommene Arth-Rigi-Bahn (ARB) auf den Aussichtsberg. Beide Bahnen fahren von Rigi-Staffel bis Rigi-Kulm auf einer nebeneinander verlaufenden Trasse.

Untrennbar mit der Vitznau-Rigi-Bahn verbunden ist der Name des Schweizer Zahnradpioniers Niklaus Riggenbach, der am Rigi zum ersten Mal das von ihm entwickelte Zahnradbahnsystem einsetzte. Zusammen mit den Ingenieuren Naeff und Zschokke erhielt Riggenbach am 9. Juni 1869 vom Großen Rat des Kantons Luzern die Konzession für den Bau und Betrieb einer Zahnradbahn von Vitznau bis zur Kantonsgrenze bei Rigi-Staffelhöhe. Für die auf Schwyzer Boden liegende Fortsetzung zum heutigen Endpunkt Rigi-Kulm, erhielt die luzernische Rigi-Bahngesellschaft keine Konzession vom Kanton Schwyz. Mit dem Bahnbau wurde trotzdem im September 1869 begonnen. Die im Bauvertrag vereinbarte Fertigstellung der Bahn innerhalb von acht Monaten konnte nicht eingehalten werden, da durch den deutsch-französischen Krieg 1870/71 aus Lothringen 5000 m Schienen verspätet geliefert wurden. Trotz mancher weiterer Schwierigkeiten konnte am Sonntag 21. Mai 1871 die Eröffnung der in Normalspur ausgeführten Strecke gefeiert werden. Es war Niklaus Riggenbach persönlich, der an seinem 54. Geburtstag auf der Lokomotive stand und den Eröffnungszug mit den Ehrengästen von Vitznau nach Rigi-Staffelhöhe brachte. In der Zwischenzeit hatte sich in Arth ein Komitee gebildet, das sich um eine Konzession für eine Arth-Rigi-Bahn bemühte und diese auch am 23. Juni 1870 erhielt. Im Auftrag dieses Komitees konnte Riggenbach den Bahnbau bis Rigi-Kulm fortsetzen, so daß der Verkehr auf der fast 7 km langen Gesamtstrecke Vitznau – Kaltbad – Rigi-Kulm am 27. Juni 1873 aufgenommen werden konnte. Für das auf Schwyzer Boden liegende Streckenstück mußte die Vitznau-Rigi-Bahn alljährlich eine hohe Pacht an die Arth-Rigi-Bahn bezahlen. Dies führte in der Vergangenheit immer wieder zu Streitereien zwischen den beiden Bahnen, die erst endeten, als 1992 beide Gesellschaften zu den Rigi-Bahnen fusionierten. In der von Niklaus Riggenbach geleiteten Werkstätte Olten der Schweizerischen Centralbahn (SCB) entstanden in den Jahren 1870/71 die ersten drei Dampflokomotiven der Vitznau-Rigi-Bahn. Drei weitere gleiche Maschinen lieferte die SCB 1872/73. Wie die Lokomotiven der Mount-Washington-Bahn in den USA hatten diese Maschinen einen stehenden Kessel, um bei der Fahrt einen möglichst gleichmäßigen Wasserstand sicherzustellen. Die 1871 gegründete Schweizerische Lokomotiv- und Maschinenfabrik in Winterthur (SLM) baute vier ähnliche Lokomotiven, die im Sommer 1873 bei der VRB als Nr. 7–10 in Betrieb gingen.

Alle zehn Maschinen mit stehendem Kessel wurden zwischen 1882 und 1892 in Lokomotiven mit liegendem Kessel umgebaut. Die günstige Verkehrsentwicklung der VRB führte um die Jahrhundertwende zur Beschaffung der Lokomotiven Nr. 11 und 12. Nach der Elektrifizierung der ARB konnte 1908 deren Lok Nr. 2 übernommen werden. Sie erhielt bei der VRB die Betriebs-Nr. 14 und wurde 1917 an die Schwabenbergbahn in Budapest verkauft. Eine sehr leistungsfähige Lokomotive, die zwei Wagen befördern konnte, lieferte SLM 1913. Der als Betriebs-Nr. 15 eingereihten Maschine folgten 1923 und 1925 die nach den gleichen Plänen gebauten Nr. 16 und 17. Zur Aufnahme des elektrischen Betriebes 1937 (1500 V Gleichspannung), lieferte SLM drei Bhe-2/4-Triebwagen, denen ein weiterer gleichartiger 1953 folgte. Seit 1938 steht die elektrische Lokomotive He 2/2 im Einsatz. Der erste BDhe-4/4-Triebwagen ging 1965 in Betrieb, 1986 wurden zwei Pendelzüge ähnlich den neuesten der ARB beschafft.

Als große Attraktion für das Jubiläumsjahr wird die einzige Dampflokomotive mit stehendem Kessel, die H 1/2 Nr. 7, wieder betriebsfähig restauriert.

Die Bauarbeiten an der Strecke Arth – Goldau – Rigi-Kulm begannen 1873 durch die Generalunternehmerin dieser Bahn, der „Internationalen Gesellschaft für Bergbahnen“ in Aarau. Einer der Direktoren dieser Gesellschaft war Niklaus Riggenbach. Nach zwei Jahren Bauzeit wurde am 4. Juni 1875 die Arth-Rigi-Bahn eröffnet. Die Bahn bestand aus einer 2,64 km langen „Talstrecke“ mit einer Steigung von maximal 66 ‰, die in Arth am See bei der Anlegestelle für die Dampfschiffe des Zuger Sees begann und nach Goldau führte und der 8,6 km langen Bergstrecke von Goldau nach Rigi-Kulm. Beide Streckenteile waren in Normalspur mit Zahnstange System Riggenbach ausgeführt. Auf der Talstrecke wurde die Zahnstange 1881 ausgebaut und bis zur Einstellung der Strecke 1959 im Adhäsionsbetrieb gefahren. Im Zusammenhang mit dem Bau der Gotthardbahn wurden die Anlagen in Goldau umgestaltet. Die von der „Talbahn“ abgetrennte Bergbahn begann nun auf einem „Hochbahnhof“ über dem SBB-Bahnhof Arth-Goldau. Im Oktober 1885 ereignete sich bei der ARB einer der wenigen bei Zahnradbahnen aufgetretenen Unglücksfälle. An einem ohne Fahrgäste talwärts fahrenden Zug, bei dem vermutlich entgegen den Vorschriften Lokomotive und Wagen gekuppelt waren, brach die Treibachse der Lokomotive. Der mit wachsender Geschwindigkeit zu Tal fahrende Zug entgleiste, stürzte um und wurde dabei fast vollständig zerstört. Der Lokomotivführer kam ums Leben, das restliche Zugpersonal konnte sich durch Abspringen vom Zug retten.

Schon sehr früh erfolgte bei der Arth-Rigi-Bahn der Übergang zum elektrischen Betrieb mit 750 V Gleichspannung. Die 1875 und 1899 in Dienst gestellten sechs Dampflokomotiven verloren bereits 1907 den Regelverkehr an drei von der Waggonfabrik Rastatt gelieferte Bhe-2/4-Triebwagen. Je ein weiterer Triebwagen ging 1911 und 1925 in Betrieb. Insgesamt vier BDhe-2/4-Pendelzüge mit Steuerwagen lieferte SLM/SAAS zwischen 1949 und 1967. Das modernste Fahrzeug auf der Arth-Rigi-Bahn ist eine 1982 von SLM/BBC gebaute Bhe-4/4-Triebwageneinheit.

Die Station Vitznau in ihrer heutigen Gestalt mit dem 1968 in Betrieb genommenen neuen Bahnhofsgebäude. Einen rationellen Betriebsablauf ermöglichen zwei Gleise mit dazwischenliegendem Bahnsteig. Die gedeckte Drehscheibe von 16 m Durchmesser ersetzt seit 1982 eine offene 12-m-Drehscheibe, die über 110 Jahre lang ihren Dienst versah.

VITZNAU
16
VRB

Linke Seite: Vor dem Empfangsgebäude der Schiffsanlegestation präsentiert sich eine der beiden betriebsfähigen Dampflokomotiven (Nr. 16) auf der Drehscheibe. Die Fahrpläne der VRB sind auf die Ankunfts- und Abfahrtszeiten der Schiffe abgestimmt. Den Freunden der Dampftechnik bietet sich die Fahrt mit einem der alten Schaufelraddampfer von Luzern nach Vitznau an. Von dort aus kann im Sommer, an jedem 1. und 3. Sonntag des Monats, mit einem Dampfzug weitergefahren werden.

Rechts: Der solo fahrende Triebwagen Bhe 2/4 Nr. 4 hat Vitznau und den Vierwaldstätter See hinter sich gelassen.

Oben: Oberhalb Romiti schiebt He 2/2 Nr. 18 zwei Wagen bergwärts. Die fast 60 Jahre alte Maschine ist die einzige elektrische Lokomotive der VRB und kommt vor allem bei Hochbetrieb zum Einsatz. Foto: H. Faust

Rechte Seite: Nicht mehr weit bis Rigi-Kaltbad hat es der Dampfzug, wo die Bergfahrt für ihn endet. Leider sind Ausflüge der Dampfrösser bis zur Bergstation Rigi-Kulm die ganz große Ausnahme. Im Jubiläumsjahr 1996 soll sich dies jedoch ändern. Die Lok H 1/2 Nr. 7 wird vor allem zwischen Rigi-Staffel und Rigi-Kulm eingesetzt. Der Streckenabschnitt zwischen Freibergen und Rigi-Kaltbad ist bereits seit 1874 doppelspurig ausgebaut.

VRB
VRB

Oben: Mit gesenktem Stromabnehmer rollt ein Triebwagen der Arth-Rigi-Bahn in Rigi-Staffel ein. Hier treffen die Strecken von VRB und ARB aufeinander und führen ab da nebeneinander zur Endstation.

Rechte Seite: Zwischen Kulm und Staffel ist eine Arth-Rigi-Komposition unterwegs.
Folgende Doppelseite: VRB- und ARB-Triebwageneinheiten begegnen sich auf der Parallelstrecke.

RIGI
Arth-Rigi-Bahn
22

RIGI
Arth-Rigi-Bahn

VRB

Oben: Auch in der gemeinsamen Endstation Rigi-Kulm benützen beide Bahnen ihre eigenen Gleise. Bis zum 1990 erfolgten Einbau einer Gleisverbindung in Rigi-Staffel war hier oben die einzige Möglichkeit, über eine Schiebebühne Fahrzeuge zwischen den Bahnen auszutauschen. Diese ist inzwischen abgebaut worden.

Rechte Seite: Umweltfreundlich bringt die Arth-Rigi-Bahn Güter und Lebensmittel für die Hotels in Rigi-Klösterli.

Sektor
B
Gleis
2
Gleis
1
domotec
Tara 2675

Oben: Ein moderner ARB-Triebwagen tritt in Arth-Goldau die Reise zum Rigi an. Rechts im Bild die Depotanlage mit Schiebebühne.

Gegenüber dem DB-Bahnhof Garmisch-Partenkirchen fahren die Züge der Bayerischen Zugspitzbahn ab. Die einst umfangreichen Gleisanlagen der BZB wurden in den letzten Jahren erheblich zurückgebaut, da die neue Triebwagengeneration keine Umsetzgleise mehr benötigt. Die Aufnahme zeigt den 1987 von SLM gelieferten Doppeltriebwagen 11 am Bahnsteig in Garmisch-Partenkirchen.

Bayerische Zugspitzbahn

Die im Wettersteingebirge an der deutsch-österreichischen Grenze liegende Zugspitze ist mit 2961 m ü. M. der höchste Berg Deutschlands. Der Name des 1820 von bayerischen Offizieren zum ersten Mal bestiegenen Gipfels, hat nichts mit der Bahn zu tun, sondern kommt möglicherweise vom germanischen Sonnengott Toig. Auch wenn die Zugspitze nicht einmal dreitausend Höhenmeter erreicht, so wirkt das mächtig über dem Talgrund von Garmisch-Partenkirchen thronende Felsmassiv sehr eindrucksvoll.

Ermutigt durch den Bau der zahlreichen Schweizer Bergbahnen, plante bereits 1907 ein Komitee den Bau einer Bahn von Garmisch auf die Zugspitze. Fehlendes Kapital, der Ausbruch des Ersten Weltkrieges und die nachfolgende Inflation verhinderten zunächst das Projekt. Erst nachdem 1926 von österreichischer Seite eine Seilbahn zum Wettersteinkamm eröffnet wurde, erhielten die Pläne zum Bau einer bayerischen Zugspitzbahn wieder Auftrieb. Die

Oben und rechte Seite: Triebwagen 2 ist mit Steuerwagen 4 auf der Zahnradstrecke zwischen Grainau und Eibsee unterwegs. Die A-Scheibe signalisiert, daß es sich um einen Abschlußzug handelt, d. h. es folgt kein weiterer Zug nach. Die zwischen 1954 und 1978 in Betrieb genommenen Triebwagen 1–6 können nur auf der Bergstrecke fahren, da sie als reine Zahnradfahrzeuge keinen Adhäsionsantrieb besitzen.

Konzession zum Bau und Betrieb der Bahn erhielt am 1. April 1928 ein Konsortium, bestehend aus AEG, der Allgemeinen Lokalbahn- und Kraftwerke AG und der Süddeutschen Treuhandgesellschaft.
Seit 8. Juli 1930 kann man von Garmisch aus mit der Bayerischen Zugspitzbahn (BZB) zum Bahnhof Schneefernerhaus (2650 m ü. M.) auf das Zugspitzplatt unterhalb des Gipfels fahren. Die Meterspurbahn besteht aus zwei Abschnitten, der im Adhäsionsbetrieb befahrenen 7,5 km langen Talstrecke von Garmisch-Partenkirchen nach Grainau und der dort beginnenden 11,4 km langen Bergstrecke. Wie bei der Jungfraubahn fahren die Züge im Felstunnel die letzten Kilometer zur Bergstation. Bei km 18,1 zweigt im Tunnel eine 1987 in Betrieb genommene 800 m lange Neubaustrecke ab, die zum Bahnhof Zugspitzplatt führt. Von der mit Wellblech verkleideten unterirdischen Station erreichen Skifahrer leicht den Schneeferner, den einzigen wintersporttauglichen Gletscher auf deutschem Boden. Auf der Bergstrecke sind durchgehend Riggenbachsche Zahnstangen verlegt, und die maximale Steigung beträgt 250 ‰. Seit der Betriebsaufnahme fährt die BZB auf der gesamten 18,9 km langen Strecke elektrisch unter Fahrdraht (1650 V Gleichspannung). Zwei verschiedene Elektrolokomotiv-Typen lieferte AEG 1929 an die Bayerische Zugspitzbahn. Für die Talstrecke vier Lokomotiven mit normalem Adhäsionsantrieb und für die Bergstrecke acht Lokomotiven nur mit Zahnradantrieb.
Das Betriebskonzept ermöglichte zwar den Wagendurchlauf von Garmisch zum Zugspitzplatt, erforderte aber in Grainau den Wechsel der Lokomotive.

A
4

EIBSEE
A
14
22

Linke Seite: Zwei Züge warten in der Station Eibsee auf Fahrgäste. Den Triebwagen der dunkelblau/beige lackierten Garnitur lieferte MAN 1958, den der hellblau/weiß lackierten SLM 1978. Da die Kapazität der Bahn für den zunehmenden Ansturm der Touristen und Wintersportler oft nicht ausreichte, baute die BZB 1962/63 eine Kabinenseilbahn von Eibsee auf die Zugspitze. Viele Besucher geben aber der gemütlichen Fahrt mit den Zahnradtriebwagen den Vorzug.

Von Garmisch aus zog eine Tallokomotive bis zu sechs Wagen nach Grainau. Dort wurde der Zugverband aufgeteilt und Zahnradlokomotiven schoben je zwei Wagen weiter zur Bergstation. Mit der Inbetriebnahme von vier Zahnradtriebwagen (MAN) ab 1954 wurde der Wagendurchlauf reduziert. Nur noch der Schlußwagen des Talbahnzuges ging als Vorstellwagen des Triebwagens auf die Bergstrecke über. Ganz eingestellt wurde der Wagendurchlauf 1978, nachdem zwei Triebwagen (SLM) mit fest zugeordneten Steuerwagen zum Einsatz kamen. Seither muß in Grainau immer umgestiegen werden. Daran änderte sich auch nichts, als 1987 die beiden von SLM gelieferten Doppeltriebwagen zum Einsatz kamen, die mit ihrem gemischten Adhäsions- und Zahnradantrieb die gesamte Strecke befahren können. Sie werden z. Zt. wegen ihrer Höchstgeschwindigkeit von 70 km/h vor allem auf der Talstrecke eingesetzt. Erst wenn in Zukunft weitere neue Triebwagen zur Verfügung stehen, ist mit einem durchgehenden Betrieb bis zum Zugspitzplatt zu rechnen.

Rechts: Einen Zugführerstand besitzt der Tankwagen, mit dem mehrmals täglich Wasser für das Berghotel Schneefernerhaus zum Zugspitzplatt gebracht wird. Großes Erstaunen herrscht bei den Fahrgästen, wenn der Triebwagen bei km 11,9 plötzlich anhält und aus einem Wasserturm, wie er in ähnlicher Form bei dampfbetriebenen Bahnen zu finden ist, der vorgestellte Tankwagen aufgefüllt wird.

Wendelsteinbahn

Der in den bayerischen Alpen gelegene 1838 m hohe Wendelstein kann seit 1912 mit einer elektrisch betriebenen Zahnradbahn erreicht werden. Fast fünfzig Jahre lang begann die Fahrt mit der Wendelsteinbahn im Bahnhof Brannenburg an der Hauptstrecke Rosenheim - Kufstein. Am 21. Dezember 1961 wurde der durch den Ort führende Streckenabschnitt bis zum Bahnhof Waching stillgelegt, um dem Autoverkehr freie Fahrt zu ermöglichen. Wer heute umweltbewußt in Brannenburg mit der Bahn anreist, dem bleibt nur die Möglichkeit eines

Oben: Im Talbahnhof Brannenburg-Waching wartet einer der beiden neuen, 1990 von SLM/Siemens gebauten Doppeltriebwagen auf die Abfahrt. Die beiden Namen der Triebwagen, Nr. 11 „Prinzregent Luitpold“ und Nr. 12 „Otto von Steinbeis“, erinnern an Persönlichkeiten, die den Bau der Wendelsteinbahn ermöglichten.
Otto von Steinbeis, 1839 in der Nähe von Donaueschingen geboren, kam 1860 nach Brannenburg, wo er verschiedene land- und forstwirtschaftliche Betriebe gründete und unterhielt. Der erfolgreiche Unternehmer betrieb ab 1890 in Bosnien Holzeinschlag in großem Stil. Zum Abtransport der Stämme errichtete Otto von Steinbeis ein Netz von Waldbahnen. Seine Verbindung zur Wahlheimat Brannenburg bestand jedoch weiterhin. Um den Fremdenverkehr zu fördern, legte er 1908 den Plan zum Bau einer Bahn von Brannenburg auf den Wendelstein vor. Vom bayerischen Prinzregenten Luitpold erhielt Otto von Steinbeis am 4. Februar 1910 die Konzession zum Bau und Betrieb der Bahn. Trotz erheblicher Schwierigkeiten, die beim Bau der Tunnels, Brücken und Stützmauern im oberen Teil der Strecke auftraten, schafften es 800 Arbeiter, die Strecke innerhalb von zwei Jahren fertigzustellen. Am 25. Mai 1912 konnte die erste deutsche Alpen-Zahnradbahn eingeweiht werden.

3/4-stündigen Fußmarsches zur Talstation. Busse verkehren selten und sind in ihrem Fahrplan nicht auf die Ankunfts- und Abfahrtszeiten der Züge abgestimmt. Die heute am Rande des Brannenburgers Ortsteils Waching beginnende Meterspurstrecke ist 7,6 km lang. Zahnstangen System Strub sind auf 6,1 km Länge verlegt und die maximale Steigung beträgt 237 $^0/_{00}$. Seit der Betriebsaufnahme fahren die Züge elektrisch mit Gleichstrom (1500 V), der im bahneigenen Wasserkraftwerk erzeugt wird. Bei der Fahrt zur Bergstation, die sich im 1723 m hoch gelegenen Wendelsteinhotel befindet, überwinden die Züge einen Höhenunterschied von 1215 m und durchqueren sechs Tunnels und fünf Galerien. Zwischenhalte gibt es in den Ausweichstationen Aipl (980 m ü. M.) und Mitteralm (1200 m ü. M.).

Oben: Hochalpin wird die Strecke nach der Haltestelle Mitteralm. Die seit 1935 in Betrieb stehende Lok 4 schiebt zwei Wagen, die trotz trübem Wetter gut besetzt sind, der Bergstation entgegen.

Zur Betriebsaufnahme lieferte die Maschinenfabrik Esslingen (ME) 1912 drei Elektrolokomotiven für den gemischten Adhäsions- und Zahnradbetrieb. Von MAN kamen die dazugehörenden sechs Personenwagen. In den dreißiger Jahren erforderten die gestiegenen Fahrgastzahlen eine weitere Fahrzeuggarnitur, die 1935 von ME/MAN geliefert wurde. Alle diese Fahrzeuge standen bis 1990 im Einsatz. Seither wird der planmäßige Verkehr mit den neuen SLM-Doppeltriebwagen durchgeführt. Die alten Loks und Wagen sind aber noch vorhanden. Lok 1 ging mit zwei Wagen an das Deutsche Museum in München, um dort den elektrischen Zahnradbahnbetrieb vom Anfang des 20. Jahrhunderts zu repräsentieren. Die anderen drei Loks kommen noch vor Nostalgie- und Bauzügen zum Einsatz.

Oben: Schneebedeckt zeigt sich die „Hohe Mauer“, ein 130 m langer und 17 m hoher Steindamm, den die Züge kurz vor der Bergstation überqueren. Schon in der zweiten Hälfte des 19. Jahrhunderts war der Wendelstein der meistbestiegene Berg der bayerischen Alpen, denn er galt schon damals als der Gipfel mit der schönsten Aussicht. Bei klarer Sicht liegen Watzmann, Großglockner, Großvenediger, Wilder Kaiser, Stubaier Alpen und Karwendelgebirge im Blickfeld.

Reche Seite: Das höchstgelegene Gotteshaus Deutschlands ist das 1890 erbaute Wendelsteinkirchlein. Unterhalb von ihm kommen in der Schwaigerwand die Züge, wenige Meter bevor sie in die unterirdische Bergstation einfahren, noch einmal kurz ans Tageslicht.

Schilder am Führerhaus der Lok 1. Die drei bei der Achenseebahn noch vorhandenen Lokomotiven tragen die Namen der an der Strecke liegenden Gemeinden Eben (Nr. 1), Jenbach (Nr. 2) und Achenkirch (Nr. 3). Nur die Lokführerseite ziert das Revisionsschild mit den Untersuchungsdaten.

Achenseebahn – älteste dampfbetriebene Zahnradbahn Europas

Drei Bahnen mit drei verschiedenen Spurweiten treffen in Jenbach am Bahnhof aufeinander. Die im Inntal verlaufende Strecke der Österreichischen Bundesbahn mit Normalspur von 1435 mm, die Zillertalbahn mit 760 mm und die Achenseebahn mit 1000 mm Schmalspur. Die Achenseebahn – eine der drei Zahnradbahnen in Österreich – führt von Jenbach über Eben und Maurach zum Achensee.
Mit einem einzigen 3,4 km langen Zahnstangenabschnitt (Riggenbach) und Steigungen bis 160 ‰, überwindet die Bahn zwischen Jenbach (530 m) und Eben (970 m) einen Höhenunterschied von 440 m. Im Adhäsionsbetrieb wird von Eben bis zur Endstation Seespitz am Achensee gefahren. Immer noch sind auf der Achenseebahn ausschließlich die 1889 in Betrieb genommenen Dampflokomotiven im Einsatz. Die über 100 Jahre alten Maschinen sind die ältesten Zahnradlokomotiven Europas, die im regelmäßigen Einsatz stehen.
Seine Majestät Kaiser Franz Joseph von Österreich vergab am 1. September 1888 höchstpersönlich die Konzession an den k. und k. Konsul Theodor Freiherr von Dreifus. Mit der für einen Zeitraum von 90 Jahren erteilten Konzession waren Auflagen verbunden. Der Betrieb war bis zum 1. August 1890 aufzunehmen, und die Bahn mußte während der Konzessionsdauer jedes Jahr von 15. Mai bis 30. September verkehren. Wenige Wochen später begannen unter der Oberleitung des Ingenieurs Horst Schröder am 15. Oktober 1888 die Bauarbeiten. Begünstigt durch einen milden Winter, war die Bahn bereits nach acht Monaten fertiggestellt, so daß am 8. Juni 1889 die Strecke als erste Bergbahn Tirols eingeweiht werden konnte.
Die geplante Verlängerung bis zum Tegernsee kam nicht zustande, da das Königreich Bayern kein Interesse an dieser Verbindung hatte. Die Strecke endete damals, etwa 400 m von der Schiffsanlegestelle entfernt, kurz vor dem See. Die Verbindung dazwischen stellte eine Rollbahn in 600 mm Spurweite her, auf der mit geschobenen Wagen Gepäck und Waren befördert wurden. Im Ersten Weltkrieg ließ 1916 die österreichische Militärverwaltung das Ver-

Rechte Seite: Am mit Blumen und Fahnen geschmückten Bahnhof Jenbach wartet Lok 1 mit ihren Wagen auf Fahrgäste. Reisende, die mit der Staatsbahn hier ankommen, erreichen bequem mit wenigen Schritten die Abfahrtsstelle der Achenseebahn.

Achenseebahn
1
IMBISSE

bindungsgleis abreißen und verlängerte die Meterspurstrecke bis zur Schiffsanlegestelle.
Zur Betriebseröffnung 1889 lieferte, nach Plänen der Maschinenfabrik Esslingen, die Wiener Lokomotivfabrik AG vier Bz-n2t-Dampflokomotiven mit verkuppeltem Triebwerk für Adhäsions- und Zahnrad-

Oben: Mit voller Kraft schiebt Lok 2 „Jenbach“ oberhalb der Haltestelle Burgeck. Die Dampflokomotiven der Achenseebahn sind so gebaut, daß der Kessel bei einer Steigung von 80°/₀₀ in der Waagerechten liegt. Zwei Vorstellwagen sind die maximale Last, die eine Lokomotive auf dem Riggenbachschen Zahnstangenabschnitt bergwärts mit 10 km/h befördern darf. Wie die Lokomotiven, sind die an der Seite offenen Sommerwagen seit über 100 Jahren im Einsatz.

antrieb. Die Zylinder dieser Maschinen wirken über Kreuzkopf und Treibstange auf eine hochliegende Vorgelegewelle, die mit einer Übersetzung das Triebzahnrad antreibt, dessen Achse zugleich als Blindwelle mit Aufsteckkurbeln über Kuppelstangen die Adhäsionsräder antreibt. Lok Nr. 4 diente während des Zweiten Weltkrieges als Ersatzteilspender, deren Reste leider 1955 verschrottet wurden, die anderen drei Lokomotiven fahren noch heute im Sommer tagtäglich zur Freude von Touristen und Liebhabern alter Technik. Die Fahrzeit von Jenbach bis Seespitz am Achensee beträgt 40 Minuten.

Kurz vor Eben verläßt die Strecke den Schatten des Waldes. In der Ausweichstation Eben endet die Zahnstangenrampe und wird der höchste Punkt der Strecke (970 m ü. M.) erreicht. Hier setzt sich die Lokomotive an die Spitze des Zuges, um mit ihm auf leicht fallender Strecke, durch offene Landschaft dem Achensee entgegenzurollen.

Linke Seite: Ein von Lok 1 geführter Zug verläßt Seespitz. Nur einige hundert Meter führt die Strecke am Seeufer entlang und ist für die Fahrgäste der Blick auf das türkisblaue Wasser möglich.

Oben: Vor der Kulisse des Rofangebirges ist die kräftig arbeitende Lok 2 mit ihren beiden Wägelchen zwischen Seespitz und Maurach unterwegs.

Links: Die meisten Ausflügler und Touristen, die mit der Achenseebahn in Seespitz ankommen, gönnen sich eine Schiffsrundfahrt auf dem Achensee. Die Fahrgäste des ersten Zuges, dessen letzter Wagen links im Bild sichtbar ist, strömen bereits auf das Motorschiff „St. Benedict", die des zweiten Zuges, der soeben angekommen ist, werden in wenigen Augenblicken folgen.

Rechte Seite: Sommerlicher Hochbetrieb am Achensee. Alle Lokomotiven und Personenwagen der Achenseebahn geben sich am Schiffsanleger Seespitz ein Stelldichein. Das zum Motorschiff umgebaute ehemalige Dampfschiff „Stadt Innsbruck" wartet auf die Fahrgäste des von Jenbach kommenden Zuges, der mit Lok 1 bespannt ist. Auf dem Umsetzgleis stehen Lok 2 und 3 mit ihren Wagengarnituren zur Rückfahrt bereit.

St. Wolfgang Schafbergbahnhof. Nach jeder Fahrt werden die alten Lokomotiven frisch bekohlt. Die Kohlen werden von Hand mit der Schaufel in das Führerhaus geworfen. Da in den Schafberglokomotiven kein extra Kohlenkasten vorhanden ist, werden sie auf dem Boden zwischen Heizer und Lokführer gelagert.

Die Schafbergbahn am Wolfgangsee

Vom berühmten Ferienort St. Wolfgang im Salzkammergut führt eine Zahnradbahn auf den 1783 m hohen Schafberg, von dem sich eine wunderbare Rundsicht auf Gipfel und Bergseen bietet. Die 5,8 km lange Schafbergbahn beginnt unmittelbar am Wolfgangsee und überwindet mit Hilfe der Abtschen Zahnstange einen Höhenunterschied von 1190 m. Die maximale Steigung beträgt 255 ‰. Schon immer war die Schafbergbahn ein Inselbetrieb, der keinen Anschluß an eine andere Bahnstrecke besitzt. Muß eine Lok zur Hauptausbesserung, so wird sie zunächst auf einem Straßenroller zum Bahnhof Vöcklabruck gebracht, um von dort auf einem Spezialwagen die Reise zur Hauptwerkstätte Knittelfeld anzutreten. Die bewegte Geschichte der Bergbahn beginnt mit der Erteilung einer ersten Konzession an Berthold Curant und Carl Peusens zum Bau einer schmalspurigen Zahnradbahn auf den Schafberg. Doch die Wirtschaftskrise von 1873 beendete dieses Projekt, obwohl das meiste zum Bahnbau erforderliche Gelände bereits erworben war.

Erst 1890 erhielt der mit dem Bauunternehmen Stern & Hafferl zusammenarbeitende Ingenieur Wilhelm Michel eine Konzession für den Bahnbau, die aber an die Salzkammergut-Lokalbahn (SKGLB) überging. Die Bauarbeiten begannen im April 1892 und wurden von der Firma Stern & Hafferl, heute noch als Betreiberin verschiedener Lokalbahnen bekannt, durchgeführt. Nach einer Bauzeit von nur 15 Monaten konnte die Schafbergbahn am 1. August 1893 eröffnet werden. Die beim Publikum beliebte Bahn entwickelte sich in den ersten Betriebsjahren zufriedenstellend. Doch der Ausbruch des Ersten Weltkrieges brachte, wie bei vielen anderen Ausflugsbahnen auch, einen enormen Rückgang der Fahrgastzahlen. Nach Kriegsende wurde 1919 der Fahrbetrieb vollständig eingestellt. Der Verkehr konnte 1920 wieder aufgenommen werden. Die Betriebsführung hatten die Österreichischen Bundesbahnen (BBÖ) übernommen, die aber ab 1927 wieder von der Eigentümerin, der SKGLB, ausgeübt wurde. Da die SKGLB aus ihren wirtschaftlichen Schwierigkeiten nicht herauskam, mußte sie 1931 die Schafbergbahn und das dazugehörende Berghotel an das Österreichische Verkehrsbüro verkaufen. Zum zweiten Mal übernahm die BBÖ die Betriebsführung, die sie bis zur Zwangsübernahme durch die Deutsche Reichsbahn 1939 ausübte. Im Zweiten Weltkrieg war ab 1942 der öffentliche Verkehr aus militärischen Gründen bis zum Kriegsende eingestellt. Der Betrieb wurde im Sommer 1945 wieder aufgenommen. Nach zwei Jahren Österreichischer Staatsbahnen erfolgte 1947 die Umstellung auf die Österreichischen Bundesbahnen, zu denen die Schafbergbahn noch immer gehört.

Krauss/Linz lieferte in den Jahren 1893/94 sechs

Rechte Seite: Vier dampfgeführte Züge treffen sich im Bahnhof Schafbergalpe. Nachdem die talwärts rollenden 999.106 und 999.102 im Bahnhof zum Stillstand gekommen sind, können die auf dem linken Gleis wartenden 999.105 und 999.103 die Bergfahrt fortsetzen.

SCHAFBERGALPE

Zahnrad-Dampflokomotiven, die heute in die Reihe 999.100 eingeordnet sind. Eine davon, 999.101, wurde 1970 an die Schneebergbahn abgegeben, die anderen sind z. Zt. noch am Schafberg im Einsatz.
Um den Verkehr rationeller zu gestalten und um die alten Dampflokomotiven zu schonen, beschaffte die ÖBB 1964 zwei Dieseltriebwagen der Reihe 5099. Die von Simmering-Graz-Pauker gebauten Fahrzeuge bieten je 70 Fahrgästen Platz und fahren mit höherer Geschwindigkeit als die alten Dampfloko-

Oben: Erst wenige Wochen bei der Schafbergbahn im Einsatz war im August 1993 die neugebaute Dampflokomotive 999.201, die sich hier an der Schafbergalpe zum Wasserfassen anschickt. Diese moderne, ölgefeuerte Maschine kann zwei vollbesetzte Wagen befördern, sie ersetzt damit zwei der alten Dampflokomotiven, die nur mit je einem Wagen fahren. Bevor die 999.201 zur Schafbergbahn kam, waren mit ihr Probefahrten auf der Schneebergbahn durchgeführt worden, da auch dort die aus dem vorigen Jahrhundert stammenden Dampflokomotiven aus wirtschaftlichen Gründen durch neue ersetzt werden sollen.

Rechte Seite: Einer der beiden dieselhydraulischen Triebwagen hat die 1363 m hoch gelegene Station Schafbergalpe erreicht. Eine Fahrtunterbrechung kann hier den Eisenbahnfreunden empfohlen werden. Neben dem interessanten Kreuzungsbetrieb in der Station sind die lange zu beobachtenden bergwärts keuchenden Dampflokomotiven ein Erlebnis wert. Zum Essen und Trinken lädt auf der Schafbergalpe ein Gasthof ein, von dessen Terrasse aus bei schönem Wetter der Blick über die herrliche Bergwelt schweift.

Linke Seite: Zwischen den Gebäuden des Gasthofes Schafberg-Alpe wird die Sicht auf die in einer Kurve kräftig ansteigende Strecke frei. Unter starker Rauch- und Geräuschentwicklung schiebt eine der alten Dampflokomotiven ihren Vorstellwagen der Bergstation entgegen. Foto: H. Faust

motiven. Erst nach beinahe 30 Jahren kam auf der Strecke wieder ein neues Triebfahrzeug zum Einsatz. Seit dem Sommer 1993 fährt auf der Schafbergbahn eine der modernen von SLM gebauten Zahnrad-Dampflokomotiven. Weitere drei Maschinen sind im Bau und werden die Triebwagen und die über 100 Jahre alten Dampfrösser nach und nach ablösen. Die Dampflokomotiven werden hoffentlich vor dem Schneidbrenner bewahrt werden, damit sie in einem Museum an vergangene Zeiten erinnern können.

Rechts: Oberhalb der Schafbergalpe durchfährt einer der beiden Dieseltriebwagen einen Felsdurchbruch. Diese Fahrzeuge besitzen wie die Dampflokomotiven nur einen Zahnradantrieb. Die Spurkranzräder laufen frei auf den Achswellen mit. Beim Publikum sind die Dieseltriebwagen zwar nicht besonders beliebt, aber sie sind im Betrieb kostengünstiger als die alten kohlegefeuerten Dampflokomotiven, die pro Fahrtzyklus etwa 500 kg Steinkohle verfeuern.

Links: Blick auf den Schafberg mit dem Gipfelhotel. Nach der Schafbergalpe biegt die Strecke in einer scharfen Rechtskurve nach Nordosten und führt durch baumloses, felsiges Gelände, um sich kurz vor der Bergstation in einem Tunnel wieder nach Nordwesten zu wenden.

Rechte Seite: Auch bei Sonnenschein gelingt die Aufnahme eines bergfahrenden Dampfzuges an der bekannten Fotostelle des Scharflingersbogens nicht immer. Häufig kommt es vor, daß die Lokomotive durch ihre starke Rauchentwicklung im Schatten liegt. Aufnahme: H. Faust

Eriba
999 103

Unterhalb des Gipfelhotels liegt die Bergstation mit ihrem 1985/86 erstellten modernen Empfangsgebäude. Damals wurden auch die Gleisanlagen umgestaltet. Eine Ausweichstelle ersetzt seither die beiden Stumpfgleise und erlaubt bei Hochbetrieb den Dieseltriebwagen das Umfahren der nachfolgenden langsameren alten Dampfgarnituren. Auf einem bergseitigen Ausziehgleis können zwei Zuggarnituren abgestellt werden.

Die Schneebergbahn bei Wien

Der am östlichen Ende der Alpen sich erhebende 2075 m hohe Schneeberg ist ein beliebtes Ausflugsziel der Wiener. Seit 1897 dampfen von Puchberg aus Zahnradlokomotiven auf den Aussichtsberg, von dem an klaren Tagen die Sicht bis weit in die ungarische Tiefebene reicht. Die fast 10 km lange Schneebergbahn mit Steigungen bis 200 ‰ ist in einer Spurweite von 1000 mm angelegt. Noch heute verkehren auf der Bahn unter den ÖBB-Nrn. 999.01–05 die 1896–1900 von Krauss/Linz gelieferten Dampflokomotiven. Älteste den Schneeberg mit Hilfe des Zahnradsystems Abt erklimmende Lokomotive ist jedoch die 1970 von der Schafbergbahn übernommene 999.101. Sie wurde bereits 1893 von Krauss an die damals durch die Salzkammergut-Lokalbahn betriebene Schafbergbahn geliefert.
Schon in der Mitte des 19. Jahrhunderts war der Schneeberg ein beliebtes Ziel von Ausflüglern und Bergwanderern. Kein Wunder, daß, bereits ein Jahr nachdem die Rigibahn eröffnet worden war, ein Bankenkonsortium eine Vorkonzession zum Bau einer schmalspurigen Zahnradbahn auf den Schneeberg beantragt und erhalten hatte. Eine große Wirtschaftskrise 1873 verhinderte den Bau der Bahn, die nach den damaligen Planen in Payerbach hätte beginnen sollen. Es dauerte zwölf Jahre, bis das Projekt Schneebergbahn wieder diskutiert wurde. Dieses Mal sah der Plan als Ausgangspunkt Puchberg vor, das durch den Bau einer normalspurigen Lokalbahn mit Wiener Neustadt verbunden werden sollte.
Die Konzession für beide Bahnlinien erhielten im September 1895 der Bürgermeister von Wiener Neustadt Dr. Heber und der in Wien wohnende Ingenieur Tauber. Offizieller Baubeginn für beide Strekken war der 4. Dezember 1895. Bereits am 15. April 1897 konnte der Verkehr auf der Normalspurstrecke von Wiener Neustadt nach Puchberg aufgenommen werden. Wenig später erfolgte in zwei Abschnitten die Eröffnung der Schneebergbahn. Am 1. Juni 1897 von Puchberg bis Baumgartner und am 25. September 1987 die Gesamtstrecke bis zur 1795 m hoch gelegenen Bergstation Hochschneeberg.

Wie bei vielen Zahnrad-Dampflokomotiven, sind auch bei den am Schneeberg eingesetzten Maschinen Kessel und Führerhaus geneigt, damit sie in der Steigung annähernd waagerecht liegen. Die Seitenaufnahme der vor der Zugförderungsstelle Puchberg rangierenden 999.04 zeigt neben der geneigten Bauweise deutlich das Hebelsystem der Kraftübertragung von den Zylindern zu den Kuppelstangen.

Die Betriebsführung in den ersten Jahren wurde durch die Eisenbahnbau- und Betriebsgesellschaft Arnold wahrgenommen, die auch den Bau der Strecke durchgeführt hatte. Bald geriet die Bahngesellschaft in finanzielle Schwierigkeiten. Der Vertrag mit der Firma Arnold wurde deshalb Ende des Jahres 1898 gekündigt und die Betriebsführung von der privaten k. u. k. privilegierten Eisenbahn Wien-Aspang (EWA) übernommen. In der Zeit nach dem Ersten Weltkrieg geriet auch die EWA in wirtschaftliche Schwierigkeiten, und der Betrieb auf sämtlichen Strecken ging deshalb am 1. Juli 1937 auf die damaligen Österreichischen Bundesbahnen (BBÖ) über.
Von 1925–1979 verkehrte die Schneebergbahn auch im Winter. Da die Schneeräumung erhebliche Kosten verursachte, wurde der Winterbetrieb eingestellt, und die Bahn verkehrt deshalb zur Zeit nur von Ende April bis Anfang November.

Oben: Am frühen Morgen werden die Lokomotiven vor dem Heizhaus Puchberg für die Fahrt auf den Schneeberg vorbereitet. Die von der Schafbergbahn übernommene 999.101 erhält mit einem Förderband die Kohlen direkt ins Führerhaus. 999.03 hat bereits Wasser gefaßt. Für das Personal bleibt noch Zeit für ein Schwätzchen.

Rechte Seite: Nach den letzten Häusern von Puchberg führt die Strecke über Wiesen und verschwindet kurz danach im dichten Wald. Im Gegensatz zu den Schafberglokomotiven, die nur einen Wagen befördern, schieben die Lokomotiven am Schneeberg zwei Vorstellwagen, da die maximale Steigung hier „nur“ 200°/₀₀ beträgt (Schafberg 255°/₀₀).

Oben: Nach der Ausweichstelle Baumgartner überqueren die Züge die Hohe Mauer, eine der bei Sturm besonders gefährdeten Stellen. Um zu verhindern, daß die leichten Wagen durch den Winddruck aus den Schienen gehoben werden, besitzen diese an der Unterseite ausfahrbare Fangarme, die an den exponierten Stellen in seitliche U-Profile eingreifen. Foto: H. Faust

Rechte Seite: Nach 7,3 km Fahrt ergänzen die Lokomotiven in der Ausweichstelle Baumgartner ihren Wasservorrat. Da im Kalkmassiv des Schneeberggebietes keine einzige Quelle entspringt, wird das Wasser für die Reservoire und auch für das Berghaus Hochschneeberg durch Versorgungszüge in Zisternenwagen vom Tal heraufgebracht.

999.05

Oben: Hochbetrieb in der Bergstation Hochschneeberg. Drei Züge sind bereits im höchstgelegenen Bahnhof Österreichs (1795 m ü. M.) angekommen, ein vierter fährt gerade ein. Die Strecke endet nicht auf dem Gipfel des Schneeberges. Fahrgäste, die von der Bergstation den höchsten Punkt des Massives erreichen wollen, müssen in anstrengender Wanderung noch 281 Höhenmeter überwinden.

Rechte Seite: Zwei Züge stehen am Abend in der Bergstation bereit, um die Ausflügler zurück nach Puchberg zu bringen. Markantes Bauwerk auf dem Hochschneeberg ist das 1901 eingeweihte Elisabeth-Kirchlein. Es erinnert an die österreichische Kaiserin Elisabeth, die 1898 in Genf von einem italienischen Anarchisten ermordet wurde.

Nächste Doppelseite: Nicht talwärts, wie die Rauchfahne vermuten läßt, fährt 999.01, sondern der in Fahrtrichtung wehende Wind übertrifft die Geschwindigkeit des Zuges, auf den in der Bergstation zahlreiche Fahrgäste warten.

999.03

B
sz 9958-5
ÖBB
B/sz
9954-4

ÖBB
999.01
Kaiserstein
7a

1 Tramway du Mont Blanc

2 Chamonix-Montenvers

3 Chemins de fer des Rochers-de-Naye

4 Gornergratbahn

5 Dampfbahn Furka-Bergstrecke

6 Ferrovia Monte Generoso

7 Bahnen der Jungfrauregion

Schynige-Platte-Bahn

Berner-Oberland-Bahn

Wengernalpbahn

Jungfraubahn

8 Brienz-Rothorn-Bahn

9 Pilatusbahn

10 Rigi-Bahnen

11 Bayerische Zugspitzbahn

12 Wendelsteinbahn

13 Achenseebahn

14 Schafbergbahn

15 Schneebergbahn